イル診断シート

本シートに回答することで、あなたの行動様式が診断できます。

以下の各質問について、(A)～(D)の４つのうちでもっともあてはまるものに○を１つ、記入欄につけてください。

No.	質問	記入欄	
1	もっともうれしいことは何ですか。		(A)安心できる状況で暮らしていること
			(B)たくさんの人から好かれること
			(C)たくさんの人から頼りにされること
			(D)難しい課題をなしとげること
2	もっとも避けたいことは何ですか。		(A)めんどうなこと
			(B)人から嫌われること
			(C)メンツをつぶされること
			(D)無意味な時間を過ごすこと
3	人からどんなふうに言われることが多いですか。		(A)「ほっとする人」
			(B)「楽しい人」
			(C)「頼りになる人」
			(D)「すごい人」
4	人の役に立とうとするとき、どのような行動をすることが多いですか。		(A)まわりの雰囲気を和らげる
			(B)気配りをする
			(C)リーダーシップを発揮する
			(D)知識や技術を提供する
5	ときどきこんな気分になることがありますか。		(A)投げやりな気分
			(B)不安な気分
			(C)怒りっぽい気分
			(D)うつっぽい気分
6	人からこんなふうに言われることがありますか。		(A)「マイペースな人」
			(B)「八方美人な人」
			(C)「仕切り屋さん」
			(D)「完璧主義な人」
7	自分を温度にたとえてみるとどの程度ですか。		(A)人肌程度
			(B)あたたかい
			(C)熱い
			(D)クール

(裏へ続きます)

No.	質問	記入欄	
8	あと1週間で死ぬとしたら何をしますか。		(A)じゃまされずにのんびりする
			(B)仲間と一緒にいる
			(C)みんなを集めて会を開く
			(D)やり残したことをする
9	好きな言葉はどれですか。		(A)「なるようになる！」
			(B)「みんな大好き！」
			(C)「私にまかせて！」
			(D)「最後までがんばる！」
10	よく言う口癖はどれですか。		(A)「めんどうくさい」
			(B)「どうぞどうぞ」
			(C)「やってられない」
			(D)「まだまだだ」
11	イベントや行事についてはどう対応しますか。		(A)必要最低限参加する
			(B)幹事を手伝うことが多い
			(C)自分から企画することが多い
			(D)利益がありそうなら参加する
12	休日の過ごし方で好きなのはどれですか。		(A)何もしないでのんびり過ごす
			(B)人から誘われて出かける
			(C)自分から誰かを誘って出かける
			(D)知識や技術の習得に励む
13	何かをするときどの程度が好きですか。		(A)ほどほど
			(B)人並み
			(C)人から尊敬される程度
			(D)目指している領域で一番
14	自分の短所をあげるとすればどれですか。		(A)あまり進歩がないこと
			(B)他人にサービスしすぎてしまうこと
			(C)柔軟性に欠けること
			(D)何でも背負いすぎてしまうこと

質問は以上です。おつかれさまでした。

採点方法と診断内容については、本文116ページをお読みください。
ライフスタイル診断を、あなたの人生にお役立てくだされば幸いです。

人生の迷いが消える

アドラー心理学のススメ

向後千春
Chiharu Kogo

技術評論社

はじめに

この本を手に取っていただき、ありがとうございます。あなたは、この本を読み始める前に、「アドラー心理学の本だ。読んでみようかな」と思ったかもしれません。すべての行動の前には、「これをやってみよう」という決断があります。でも「やってみよう」という決断はなかなかできません。「まあ、このままでもいいか」と考える方が楽だからです。

この本では、あなたが日常で迷ったり、困ったり、悩んだりしている具体的な問題を取り上げながら、それをアドラー心理学から見るとどうなるかということを書きました。そうした問題は、あなたの見方さえ変えれば解決の糸口が見つかります。この本は、アドラー心理学による「世界の見方」を紹介します。

単なる「見方」で、問題が解決するのかと、いぶかしく思うかもしれません。もっともです。でも、この本を読んでいる間は、アドラー心理学の見方を採用してみてください。この本を読み終わる頃には、もう元の見方に戻れなくなっているかもしれません。たとえ、元の見方に戻っても、あなたはアドラー的な見方ではどう見えるかということを知っています。あなたが生きているこの世界についての見方は、ひとつだけではなく、別の見方があるのだということを実感するでしょう。あなたはもう元のあなたではありません。

書店には様々なビジネス本や自己啓発本が並んでいます。様々なテクニックやコツが提示されています。しかし、この本では、そういうことではなく、あなたの人生観や世界観を根底から変えようとしています。とはいっても、そんなにすごいものではありません。ただ、あなたが日常的に考えたり行動していることを、アドラー的に解釈してみようというものです。

もしよかったら、この世界をアドラーのメガネで見てみるとどう見えるのかを試してみてください。そしてもしその世界の見方が気に入ったら、折に触れてアドラーメガネをかけてみてください。きっとより良い人生になることでしょう。

向後千春

もくじ

第1章 変わりたいのに変われない自分

Alfred Adler

第2章 イライラする自分を抑えられない

第3章 こんなに面倒をみているのに……

第4章 子育てに正解はあるのか

第5章
なぜ人間関係がうまくいかないのか

第6章 避けられない老いと病について

第1章

変わりたいのに変われない自分

1 モチベーションが上がらない、そんな自分をなんとかしたい

「何となくやる気が起こらない」
「モチベーションが上がらない」
「そんな自分をなんとかしたい」
「でもやっぱりモチベーションが上がらない」

「やる気を出そう」とか「モチベーションを上げよう」とかよく言います。でも実際には「やる気」とか「モチベーション」という「モノ」があるわけではありません。「やる気」や「モチベーション」という実体があるわけではないのです。やる気やモチベーションは、そういう「気持ち」にすぎません。何かを成し遂げてから、振り返ってみると、その時にやる気やモチベーションが付随していたということなのです。

しかし、私たちはよく「モチベーションが上がらないので、最初の一歩を踏み出すことができない」という言い訳をします。つまり「モチベーションが上がらない（原

因）。だから、行動できない（結果）」という因果関係です。こういう理屈をつけると、ラクになります。誰かに「なぜ行動しないのか？」と聞かれた時は、「モチベーションが上がらないから」と答えればいいからです。すべての責任を「モチベーション」に押し付けることができます。本当は、そのモチベーションもあなたの責任なのですけど。

逆の見方をしてみましょう。「行動しないから、モチベーションが上がらない」と考えてみます。行動を始めれば、「やる気」はわいてきます。それをモチベーションと呼んでいるのです。こう考えると、モチベーションが上がらないから、行動できないのではなく、行動しないからモチベーションが上がらないのです。

私たちは、自分がやらなければいけないことが何であるかを、いつでも知っています。ただ、いろいろな言い訳をつけて、それに手をつけることを避けているのです。なぜ避けるかというと、その仕事が困難であることを感じていたり、うまくなしとげる自信がなかったりするからです。そこで、「モチベーションが上がらない」という一番簡単な言い訳を使います。

このことをアドラーは「自己欺瞞（Self-deception）」と呼びました。自己欺瞞というのは「自分で自分を騙す」ということです。自分がやるべきことを知っているのに、その自分を騙して、それを避けようとしているのです。

それでは、自己欺瞞をしないためにはどうしたらいいのでしょうか。まず第一歩は、**自己欺瞞をしている自分を観察することです。**「ああ、今、自分は自己欺瞞をしているな。言い訳を考えているな」という自分自身を観察します。次に、「確かにぐずぐずしている自分がいる。でもやるべきことは、はっきりわかっているし、やりたくないわけではない。ただそのきっかけがつかめないだけだ」という自分を確認します。

そして、**考えるのをやめましょう。**「よし今だ。何も考えずに始めよう」と心の中で宣言して、行動を始めるのです。

〈今までの見方〉

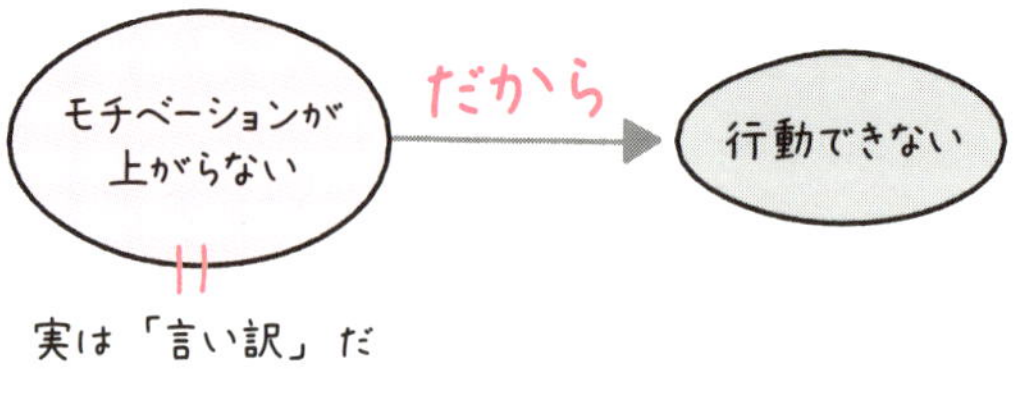
モチベーションが上がらない
だから
行動できない
実は「言い訳」だ

〈アドラー的見方〉

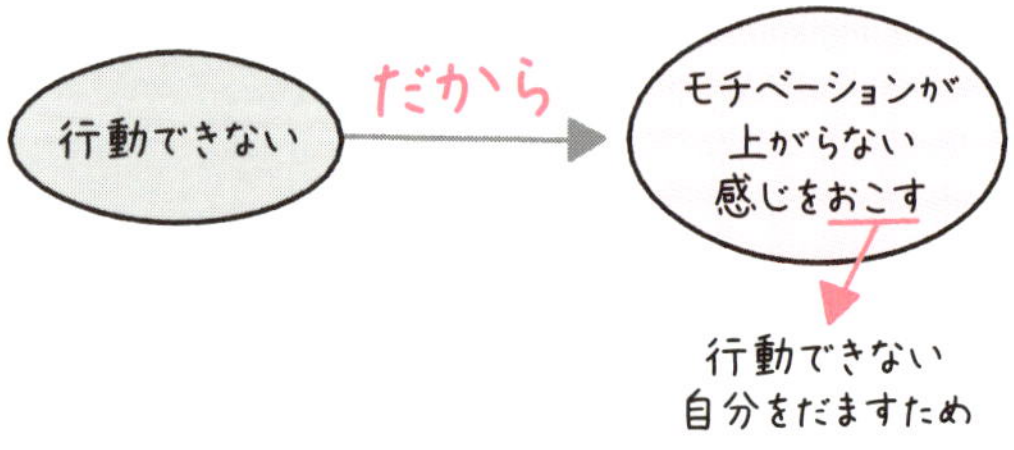
行動できない
だから
モチベーションが上がらない感じをおこす
行動できない自分をだますため

2 なぜ自己欺瞞をしてしまうのか

自己欺瞞をしない方法については、このあとで詳しく紹介していきます。その前に、なぜ私たちは自己欺瞞をしてしまうのかについて考えてみましょう。自己欺瞞をして、自分のやるべきことを避けたり、先延ばししてしまう理由には、大きく分けて次の4つのパターンがあります。

A それに手をつけて、もし失敗するとそのあとしまつが面倒だから。
B それに手をつけて、もし他の人の期待に応えられないと嫌だから。
C それに手をつけて、もし出来が良くないと、他の人から見下されるから。
D それに手をつけて、もし完璧に仕上げることができないと嫌だから。

あなたもこの4つのパターンのうちのどれかひとつに当てはまっているのではないでしょうか。Aの人は、失敗した時に面倒なことになるのが嫌なので、自己欺瞞をします。Bの人は、他の人の期待に応えられないのが嫌なので、自己欺瞞をします。

Ｃの人は、出来が良くない時に他の人に見下されるのが嫌なので、自己欺瞞をします。

Ｄの人は、完璧に仕上げることができないのが嫌なので、自己欺瞞をします。

この4つのパターンは、アドラー心理学の「ライフスタイル類型」というモデルに基づいています。ライフスタイル類型については第5章で詳しく解説していきます。

いずれにしても、私たちは、**自分にとって嫌なことが起こりそうなことを予見して、それを避けるために、言い訳を考えだして、やるべきことに手をつけないようにしているのです。**その一番簡単な言い訳が「モチベーションが上がらないから、手をつけない」ということだったのです。手をつけなければ、自分にとって嫌なことは起こりません。そんなふうにして、当面の課題から逃げることができるのです。

3 すべての人が劣等感を感じている

私たちは「モチベーションが上がらない」という言い訳を作り出して、目の前の課題を避けようとしているのだ、ということがわかりました。「モチベーションが上がらない」ということは、実は「原因」なのではなくて、課題を避けるために作り出した「結果」だったわけです。だから、モチベーションを上げようとするのは無理なことです。なぜならそれはすでに起こってしまった結果だからです。

では、なぜ課題を避けたいと思うのでしょうか。それは、もし課題に手をつけたら、その人にとって嫌なことが起こるかもしれないからです。その人にとって嫌なことには、典型的には、次の4つのパターンがあります。「A 失敗したらあとしまつが面倒」「B 他の人の期待に応えられない」「C 出来が悪いと他の人から見下される」「D 完璧に仕上げることができない」ということです。

さらに考えてみましょう。なぜこうしたことが「嫌なこと」になるのでしょうか。課題に手をつけたら、ある確率で失敗したり、出来が悪かったりするリスクはあるでしょうし、その結果として、他の人から批判されることもあるでしょう。なぜ、こうしたことが嫌なことになるのでしょうか。それは、人は誰でも「理想の自分」というものを思い描いているからです。

大人でも子どもでも、男でも女でも、どんな人でも「理想の自分」のイメージを持っています。もし自分が、失敗したり、出来が悪かったり、そのために人から批判されたりすると、この「理想の自分」のイメージからはかけ離れたものになってしまいます。そのことが嫌なのです。そして、その時に「ああ、やっぱり自分はダメなやつなんだ」と感じます。この感覚をアドラーは「劣等感（Inferiority feeling）」と呼びました。

劣等感というと、ネガティブな感じがします。しかし、アドラーは「理想の自分」を追求しているからこそ、その結果として劣等感が生じるのだと考えました。つまり、「理想の自分」のイメージから見れば、「今の自分」は必ず劣った存在です。その落差が劣等感なのです。**もし「理想の自分」をすべての人が持っているとすれば、すべての人が劣等感を感じているはずです。**

4 「誰だって完璧じゃない」不完全な自分を認めよう

劣等感を感じたとき、私たちはどうするのでしょうか。そこには2つの道があります。1つ目は、直面する課題にぶつかっていくことです。もう1つは、直面する課題から逃げることです。でも、ただ課題から逃げるのは、バツが悪いのです。そこで、自分に言い訳をします。そんな言い訳にうってつけなのが「モチベーションが上がらない」というセリフです。

課題から逃げれば、失敗することはありません。これで一安心です。そして、自分にはこう言って聞かせます。「いや、私は課題から逃げたわけじゃない。ただ、モチベーションが上がらなかっただけだ」と。こう言って、いつまでも、課題に手をつけることはないのです。

それでは、言い訳をすることなく課題にぶつかっていくためにはどうすればいいのでしょうか。それは、まず「100%パーフェクトではない自分」「不完全な自分」を認めることです。このことを、アドラーは「不完全である勇気（Courage to be imperfect）」と呼びました。すべての人は「完璧な自分」になることを目標としています。そこから見れば、どう見ても、現在の自分は不完全なのです。

100%パーフェクトな自分をイメージとして持っているとすれば、現在の自分はどれくらいでしょうか。50%かもしれません。30%かもしれません。あるいは10%かもしれません。でも30%なら、30%のところまではできているわけです。完璧ではないけれども、30%まではできている。そして、課題にぶつかっていけば、必ずその数字は上がります。それを私たちは成長と呼んでいます。課題から逃げてしまえば、成長はできません。しかし、自分の不完全さを認めて課題にぶつかっていけば、成長できます。

ですから、まず不完全な自分を認めることです。その上で課題にぶつかっていけば、少しずつであっても完全な自分に近づくのです。

5 不完全な自分を認める練習をしてみよう

自己欺瞞をして、課題から逃げるのをやめるためには、まず、不完全な自分を認め、受け入れることが必要です。ここでちょっと、その練習をしてみましょう。

ケース① 締め切りが守れない（そんな自分を変えたい）

あなたはこう言います。「やるべきこともわかっていて、締め切りが決まっていることも知っているのに、ついつい手をつけるのを先延ばししてしまいます。その結果、締め切りを破ることになります。締め切りを守れなかったことについては、いろいろな言い訳を考えますが、そんなことをしている自分も嫌になって、自己嫌悪におちいります。」

自己嫌悪を感じてしまうということは、あなたがより良い自分を目指しているということの証拠です。あなたのパーフェクトな自分のイメージは、決められたスケジュールの通りに仕事をこなし、締め切りをきちんと守れる人ですね。でも今は、そこまでには至っていない。だから自己嫌悪を感じるわけです。

たとえすべてではなくても、きちんと締め切り通りにこなした仕事もあるはずです。それはどれくらいですか？　30％くらいですか。ＯＫ。ではそれが現在の自分です。けっして１００％パーフェクトではありません。でも、30％はうまくいっています。そこからスタートしましょう。

ケース②　効率よく進められない（そんな自分から脱皮したい）

「仕事は着実にやっているつもりです。でも、どうしても時間がかかってしまいます。メールの返事をするのでも、いろいろなことを考えてしまいます。あれも書かなきゃ、これも書かなきゃと考えているうちにどんどん時間がたってしまいます。そんなふうに、１つひとつの仕事に時間がかかってしまいますので、結局１日でこなし切れない仕事が積み残しになります。もっと効率よく進められないものかと悩んでいます。」

悩んでいるということは、あなたがより良い自分を目指しているという証拠ですね。そして自分が着実な仕事をしているということは、自分で認めています。きっとそのことは周りの人からも評価されているのではないでしょうか。でも、あなたはその上で、もっと効率よく進めたいという理想の自己像を持っています。

完璧な効率で仕事をしている自分を１００％とすると、今の自分はどれくらいですか？　50％くらいですか。ＯＫ。悪くないです。それが現在の自分です。もちろん１００％パーフェクトではありません。でも50％まではいっています。あとはこれを伸ばしていくだけです。

ケース③　三日坊主で終わってしまう（良い習慣を続けたい）

「良い習慣を続けるようにしたいと思っているのですが、たいてい三日坊主で終わってしまいます。定期的な運動をしようと始めたジム通いも一ヶ月で挫折してしまいました。いつもこんな感じで、一ヶ月くらいでいつの間にかやめてしまいます。こんな自分をなんとかしたいといつも思っています。」

「こんな自分をなんとかしたい」と思っているということは、あなたがより良い自分を目標にしているということの証拠です。それは、良い習慣を続けている自分です。すべての良い習慣を長く続けている人は、めったにはいないものですが、ともあれそれがあなたの理想の自己像です。

ジム通いは、どれくらい続いたら自分で納得できますか？　一年間ですか。ＯＫ。そうすると一ヶ月続いたわけですから、10％弱は達成しているわけですね。それが現在の自分です。もちろん１００％にはほど遠い状況です。でもゼロではありません。そこから出発しましょう。もちろん、またやめてしまうこともあるかもしれません。でも、また再開すればいいわけです。良い習慣を実行したという事実は消えることはありません。

どうでしょうか。不完全な自分を認めることによって、あとは直面している課題にぶつかっていくだけだという決心がついたのではないでしょうか。もうあなたは自己欺瞞をする必要はありません。いろいろな言い訳を考え出す時間はもういらないのです。

6 「もともと私はダメなんですよ」は劣等コンプレックス

締め切りが守れない自分も、効率よく進められない自分も、三日坊主で終わってしまう自分も、すべて完璧ではありません。しかし、もしそんな不完全な自分を受け入れることができれば、言い訳を考え出すのに時間を使うことなく、目の前の課題に取り組むことができるでしょう。

しかし、それでもなお不完全な自分を受け入れることができない人もいるかもしれません。「私は不完全であるどころか、全くいいところがない、ダメな人間なのです」

という人もいるかもしれません。

「理想の自分」のイメージを持っているので、それと「今の自分」を比較したときに感じられる落差が「劣等感」なのだということを説明しました。この劣等感が、凝り固まったものになると、このように「もともと私はダメなんです」という強い信念になります。これを「劣等コンプレックス（Inferiority complex）」と呼びます。

劣等感が「軽い感じ、フィーリング」であるのに対して、劣等コンプレックスは、実際に重さがあるような「モノ」に感じられます。しかし、どちらも自分が心の中で作り出したものに変わりはないのです。どちらも「実体」はありません。私たちが、「自分をどのように見たいか」ということについて選んだ結果なのです。

私たちが、劣等コンプレックスを自分の中に作り出すのには、目的があります。それは「ダメな自分に安住したい」という目的です。

「もともとダメな自分なので、私を責めないでください」

「私は自分を変えられないし、これからも変わらないので、放っておいてください」

このような状態を望んでいる人は、劣等コンプレックスというモノを作り出して、それを言い訳として使おうとします。その意味で、劣等コンプレックスは、とても便利です。やりたくないときや、めんどうくさいときには、「やりたくない、めんどうくさい」とは言わずに「もともとダメな自分だから」と言っていればいいのですから。

でも、本当は「やりたくない、めんどうくさい」のです。それは不完全な自分だからです。劣等コンプレックスを捨てるためには、まず「やりたくない、めんどうくさい」と思っている自分を認めるところから出発しましょう。

7 劣等コンプレックスを目的論でとらえる

人は世界を自分の好きなように見ています。そして、自分に不都合なことについては、自分の勝手な理屈を作り出すことができます。「もともとダメな自分」という劣等コンプレックスを作り出せば、当面の課題から逃げることができます。そのようにして、自分の課題を果たすという責任を、劣等コンプレックスのせいにすることができるのです。

「学歴がないからダメだ」「容姿が魅力的じゃないからダメだ」というような理屈も、劣等コンプレックスと同じように当面の課題から逃げるために使うことができます。そこでは、「学歴や容姿のせいで私はダメになっている」というロジックです。「学歴や容姿」が【原因】で「今のダメな自分」が【結果】です。このロジックを使えば、「今のダメな自分」の原因を、自分以外のもののせいにできるので便利なのです。このロジックを「原因論」と呼びます。

しかし、アドラー心理学では、この原因論をひっくり返します。「学歴や容姿」を持ち出す【結果】のは「今のダメな自分」を認めてもらいたいため【目的】だと考えるのです。このロジックを「目的論（Teleology）」と呼びます。目的論では「人間の行動は、本人が気づいていてもいなくても、すべて何らかの目的のために起こされる」と考えます。

「劣等コンプレックスがあるから今の自分が不幸なのだ」という考え方は原因論のロジックです。しかし、これを目的論のロジックでこれを言い換えれば、「今の自分を不幸にしたいので、劣等コンプレックスを言い訳として使おう」ということになります。「今の自分は不幸で、それは自分以外の何かのせいです」と言っていれば、自分の責任を問われずに安住できるからです。

厳しいですね。そう、アドラー心理学は厳しい心理学なのです。しかし、この「厳しさ」は、あなたを強くします。自己欺瞞を使って当面の課題から逃げようとしている不完全な自分を認めることができれば、次は行動することしかありません。そうしてあなたは一段階強くなれるのです。こんな態度を身につけることができるとすれば、アドラー心理学の厳しさは、逆に「優しい」ものなのだと思えてくるかもしれません。

まとめ

この章では「なぜモチベーションが上がらないのか」という問いを出発点として、それは「モチベーションが上がらないからできない。それは私の責任ではない（モチベーションというものの責任だ）」という自己欺瞞をしていることにほかならないと説明しました。そして、それを解決する方法として、自己欺瞞をしている不完全な自分を認め、そこからスタートしようと決心することを提案しました。

もちろんこれはアドラー心理学の枠組みに基づく、ひとつの説明にすぎません。この説明を採用するかどうかは、あなた自身の決断にかかっています。

この章の内容をまとめておきましょう。

▼私たちは「モチベーションが上がらないからできない」ということをよく言う。
▼これは、できない自分を認めたくないからモチベーションが上がらないという言い訳を作り出している状態である。
▼このことをアドラー心理学では「自己欺瞞」と呼ぶ。
▼自己欺瞞する目的は、当面の課題から逃げようとして、不完全な自分を認めたくないからである。
▼不完全な自分を認めたくないのは、誰でも理想の自己像を持っているからである。
▼理想の自己像から現在の不完全な自分への落差があるために「劣等感」を感じる。
▼したがって、劣等感は誰もが感じるものである。
▼しかし、劣等感をさまざまな言い訳として使うようになると、それが現実に存在するもののように錯覚してしまい「劣等コンプレックス」となる。
▼劣等コンプレックスは自己欺瞞するために便利なので、広く使われている。
▼自己欺瞞から脱出するためには、不完全な自分を受け入れるところから出発する。
▼これを「不完全である勇気」と呼ぶ。

Column

やる気がなくても習慣化してこなす方法

この章では「モチベーションが上がらないからできない」ということは「できない自分を認めたくないための言い訳として使われている」ということを明らかにしました。では、自分に言い訳をすることなく課題に取り組むためにはどうしたらいいのでしょうか。このためのヒントは3つあります。

1つ目のポイントは、「やる気」とか「モチベーション」という言葉を禁じ手にすることです。やる気とかモチベーションというのは、架空のものであって、もともとないのだと考えます。そして、「ただ、やるかやらないかのどちらかだ」と考えるのです。

・自分がやる必要があると思うのならやるし、必要がないと思うのであればやらない。

・自分がやるべきだと思うのならやるし、やらなくても構わないのであればやらない。

・自分がやりたいと望むのであればやるし、やりたくないと思うのであればやらない。

いかがですか。やる気とかモチベーションという言葉を使わなければ、すっきり考えられます。

そして、２つ目のポイントは、「自分が決めたことだ」という責任を引き受けることです。やる気やモチベーションのせいにすることなく、やるかやらないかを決めたのはこの自分である。やるかやらないかによって引き起こされる結末のすべては、この私が引き受ける、ということを覚悟することです。

やることによって起こる結末は私が引き受けるし、やらないことによって起こる結末もこの私が引き受ける。そう、その覚悟さえすれば、すべてがシンプルになります。やる気のせいにもしませんし、自分以外の誰かのせいにもしません。あなたの行動はあなたが決めていいのです。責任さえ引き受ければ。

ずっとやらなくてもいいのですよ。責任さえ引き受ければ。「いや、それは困る。やらなければならないことがある。でもやりたくないのです」という人もいるかもしれません。そんなとき、私は「自分は感情のないロボットだ」と思うことに

Column

しています。

これが3つめのポイントです。やらなければならないことがあるのであれば、やる。ロボットだから「やりたくない」という感情もありません。ですから「やりたくない。でもやらなくてはいけない」という感情の対立もありません。

ロボットですから、毎日のルーチンワークとして、決まった時刻に、決まった場所で、やるべきことをするのです。それが習慣化ということです。習慣にするということは、何も考えずに、何も迷わずに、すべきことをするということなのです。それができれば、あなたは何かすばらしいことをなしとげることになるでしょう。

第2章

イライラする自分を抑えられない

1 イライラしてしまう自分をなんとかしたい

「まわりの人が思い通りに動いてくれなくてイライラする」「やろうと思ってもうまくできない自分にイライラする」「全体としてうまくいっていない感じがしてイライラする」

こんなふうにイライラしてしまうことがよくあります。イライラしても何も改善しないことはわかっているのです。でも、まわりの人が思った通りに動いてくれていないように見えるし、自分自身も自分の力を満足に発揮できていないような気がするし、それで職場の雰囲気も悪くなっているように感じられたりすると、だんだんイライラの気分が募ってきます。

イライラした気分が蓄積していって、ある限界を超えると怒りの感情になります。イラっとするのは、ごく小さな怒りです。チッと舌打ちしたときや、ムッとしたときに、私たちはミクロな怒りを爆発させているのです。こうしたミクロな怒りやイライラを積み重ねていくと、あるときに怒りの大爆発をします。

怒りの大爆発をすると、まず、相手との対人関係を壊します。そして、自分自身も自己嫌悪にさいなまれます。さらには、職場や家庭の雰囲気を最悪にしてしまいます。ただ一度の怒りの爆発によって多大な損失を被ることになります。ですので、近年では「アンガー・マネジメント」、つまり「怒り」をコントロールしようという研修や講座も開かれています。

アンガー・マネジメントでは、怒りの感情をとりあえず抑えるための「対症療法」と、怒りやすい体質を変えていくための「体質改善」という2種類の方法によって、怒りという感情に対処していくことを提案しています（安藤 2011）。対症療法では、怒りの感情を感じた時に、その場を離れたり、お茶を入れたり、好きな音楽を聴いたりして、とりあえず怒りを抑えるという方法が提案されます。また、体質改善では、自分が持っている固有の信念を変えていくことが提案されています。固有の信念というのは、たとえば「私は完璧でなければならない」や「まわりの人たちは私の思い通りに動くべきだ」というような考えです。これを、コア・ビリーフ（中心的な信念）と呼んでいます。

アンガー・マネジメントでは、怒りという感情は自動的に発生するものなので、それを「対症療法」的に処理する方法を学ぶことと、そもそも発生させにくくするような「体質改善」を目指そうということが提案されています。一方、アドラー心理学では、感情は自動的にわいてくるものではなく、なんらかの目的を達成しようとして自分が生じさせているものだという立場をとります。

この章では、イライラという感情を取り上げて、イライラする自分を変えていくためにはどのようにすればよいのかを考えていきましょう。

2 感情は自動的に起こるものなのか

私たちがイライラするときは、どんなときでしょうか。たとえば、レジを並んで待っているのになかなか進まないときにイライラすることがあります。特に自分が急いでいるときはそうです。しかし、列が進めばすぐにイライラは無くなりますし、そもそも時間が十分にあるときはゆったりと待つこともできます。ですので、感情は自動的に起こるものではありません。この場合は「私は早くレジを済ませたい」という欲求があるのに、それが果たされそうにないことを予感すると同時に、イライラという感情を発動したのです。

感情は、ある状況になれば自動的に起こるという性質のものではありません。あなたが何らかの目標を達成したいのに、それが達成できそうにないととらえたときに、あなた自身が感情を生じさせているのです。

「私は早くレジをすませたい」というような単純な場合はあまり問題になりません。問題になるのは、対人関係がからんだときです。アドラーは「人生上のほとんどの問題は対人関係の問題である」と言っています。対人関係の問題がからんでくると、イライラという感情は、解決するまでに長い時間がかかったり、それが蓄積していった末に、怒りの感情が爆発してしまうということも起こりえます。

対人関係によってイライラするケースは、典型的には次の4つのパターンがあります。

A 自分のペースでやりたいのに、まわりの人が次々と仕事を回してきたり、注文をつけてくる。

B 相手の期待に応えようとして努力しているのに、相手はそれを気にかけてくれないし、注目もしてくれない。

C 相手のためを思って、アドバイスしているのに、それに応えてくれないどころか、反発さえされてしまう。

D自分がやるべきことに集中したいのに、まわりの人から頼まれたり、頼られたりしてじゃまがはいる。

いかがでしょうか。あなたもこの中のどれかのパターンでイライラを感じたことがあるのではないでしょうか。Aの人は、なにごとも自分のペースでやりたいというのが自分のスタイルです。ですので、まわりの人が次々と仕事を回してきたり、注文をつけてくると自分のペースが乱されてイライラするのです。Bの人は、相手の期待に応えようとするのが自分のスタイルです。ですので、相手がそれに気づかなかったり、評価してくれなかったりするとイライラします。Cの人は、まわりの人を仕切っていくというのが自分のスタイルです。ですので、まわりの人がそれに応えてくれなかったり、反発されるとイライラしてしまいます。Dの人は、自分がやるべきことに集中していくというのが自分のスタイルです。ですので、まわりの人から頼まれたり、頼られたりして、自分の仕事が中断させられてしまうとイライラが募ります。

このように、自分の理想的なスタイルというものが人それぞれにあって、それが対人関係の中でうまくかなえられないか、かなえられそうもないと予想したときに、イライラという感情を発動させるのです。

3 仮想的目標がかなえられないと感情を発動する

人はそれぞれ自分自身の理想的なスタイルを持っています。そしてそのスタイルに沿って、当面の目標を作り出していきます。たとえば、「レジでは並んで待つことなく、すぐに支払いを終わらせたい」というような目標です。これを「仮想的目標（Fictional goal）」と呼びます。このときに、大元となっている理想は「なにごともスムーズに進んでいくべきだ」ということです。

「仮想的目標」の「仮想的」ということは、事実ではなくフィクションだということです。もし「どんなときでもレジでは待ちたくない」という目標が、誰もが抱いている普遍的なものであるとすれば、「仮想的」という形容詞は不要です。しかし、「混んでいるときにはレジで待つことは仕方ないことなので、こちらも少しは辛抱しなければならない」という目標を持っている人もいますので、「どんなときでもレジでは待ちたくない」という目標は必ずしも普遍的ではないのです。

「どんなときでもレジでは待ちたくない」という仮想的目標がかなえられそうにないという現実に直面すると、人は感情を発動します。つまりイライラするということです。なぜイライラという感情を発動するかというと、「レジを早く済ませたい」という目標をかなえたいからです。つまり、目標をかなえようとして、イライラという感情を使ったということです。しかし実際のところは、イライラしてもレジの列が早くなるということはありません。にもかかわらず、感情の目的はレジをなんとかして早くしたいということなのです。

対人関係におけるイライラもこれとまったく同じ原理で発動されます。自分の理想的なスタイルで相手と付き合いたいという仮想的目標が現実にかなえられないときに、イライラという感情を発動して、これをなんとかしようとするのです。しかし実際には、イライラしたところで、状況が良くなることはありません。

もし自分がイライラしていることに気づいたとすれば、それは**自分の仮想的目標がなんなのかを知るチャンスです。**

【レジを待っている場面で、なかなか列が進まない】
（イライラという感情が起こる）
「あ、これは自分の仮想的目標がはたされないので、なんとかしようとする印だ」
「自分の仮想的目標はなんなのだろうか」

「今日は家に早く帰りたいというのが仮想的目標だ。今日は子どもの誕生日だから」
「まあ、イライラしても列が進むわけでもない」
「カゴに入れたものを戻して、すぐに帰るという手もある」

こんなふうに自分の仮想的目標に気づくだけで、イライラが消えるという可能性もあります。

4 感情には目的がある

感情には必ず目的があります。感情はけっして自動的にわいてくるものではありません。私たちは、感情を使うことによって、自分の目的に沿ったなにかをなしとげようとしているのです。

一方で、感情は自分が置かれた状況によって自動的に起こり、自分はその感情によって動かされている、という考え方もあります。むしろこちらの考え方の方がなじみがあると言ってもいいかもしれません。たとえば、「怒りが私を支配した」とか「私は悲しみの感情で満たされた」とか「イライラの感情が私を苦しめる」などいった表現をよく使ったりします。

このように、「ある感情が私を支配している」という考え方を「所有の心理学（Psychology of possession）」と呼びます。「所有の心理学」という立場をとれば、感情に限らず「この性格が私自身を決めている」とか「今日は気分が落ちているので私は何もできない」という考え方をすることができます。つまり、「私の性格が私を支配している」や「私の今の気分が私を支配している」というふうに考えるわけです。感情や気分や性格が「私全体」を決めているという考え方が「所有の心理学」です。

しかし、アドラー心理学では別の立場をとります。それは、感情は私個人がなにかをなしとげようとして作り出したものだと考えるのです。これを「使用の心理学（Psychology of use）」

感情が
私を支配している
［所有の心理学］

私は感情を使ってある目的を
なしとげようとしている
［使用の心理学］

と呼びます。「使用の心理学」という考え方をとれば、「私はなにかをなしとげようとして、この性格を使っている」とか「私はなにかの目的のために、今のこの気分を使っている」と考えることができます。たとえば、「私のこの怒りっぽい性格は、なにかをなしとげようとして私が使っているものだ」とか「今日の気分が落ちているのは、なにかを避ける目的で使っているかもしれない」と考えることができます。

では、所有の心理学と使用の心理学では、どちらが正しいのでしょうか。どちらも完全に正しいとはいえないでしょう。ポイントは、感情や気分や性格ということについて、「自分がそれに支配されているか」あるいは「自分がそれを道具として使っているか」という2種類の見方ができるのだということです。そして、アドラー心理学では「使用の心理学」という考え方を採用します。なぜならば、そう考えることでさまざまな問題をシンプルにして解決しやすくすることができるからです。

もし、自分の考えや行動が、感情や気分によって支配されていると考えれば、私個人はどうすることもできません。ただその時の感情に従うしかありません。しかし、感情や気分は自分の目的のために使っている道具だと考えれば、私個人は「自分はなんの目的のためにこの感情を発動したんだろう」とふりかえってみることによって、解決策を探し当てることができるかもしれません。

5 イライラをアドラー的に解決してみよう

感情は自然に生まれてきて、この私を支配するものだという考え方ではなく、感情はこの私が何かの目的のために作り出したものだと考えてみます。そうすることによって、イライラをアドラー的に解決することができます。ここでその練習をしてみましょう。

ケース① 自分のペースでやりたいのに、まわりがそれを許さない

あなたはこう言います。「私は自分のペースで仕事を進めたいのに、まわりの人が次々と仕事を回してきたり、注文をつけてくるのでイライラしています。特に、トラブルがないように私自身できちんと計画を立てて、それにそって進めているのに、『大丈夫?』などと聞かれるとムッとしてしまいます。どうしたらいいでしょうか」

あなたがイライラを使う目的はなんでしょうか。たぶんそれは、一度仕事を任せてもらったら、途中はあれこれと口を出さないでほしいということを達成したいのでしょう。これがあなたの仮想的目標です。この目標がじゃまされていると感じるのでイ

ライラという感情を発動して、目標を達成しようとしているのです。あなたには、一般的に「私は自分の仕事を自分のペースで進めたいし、まわりの人はそれをじゃませずに見守っているべきだ」という目標があるのかもしれません。

しかし、この目標はあくまでもあなた個人のプライベートな目標です。まわりの人は、それを知らないかもしれません。ですので、**一度まわりの人にそれを伝えるのがいいと思います。**たとえば「声をかけていただいてありがとうございます。今のところ自分が立てた計画通りに進んでいます。もし計画通りに進まなかったり、トラブルが起きたときにはすぐにお知らせしますので、それまでは私に任せていただけますか」というふうに話してみるのです。

ケース② 期待に応えようとがんばっているのに、相手は見てくれない

「相手の期待に応えようとして努力しているのに、相手はそれを気にかけてくれないし、注目もしてくれません。自分がやっていることが的外れになっているのかと不安な気持ちになります。相手が認めてくれないと悲しいし、怒りの気持ちもわいてきてしまいます。どうしたらいいでしょうか」

あなたが不安の気持ちや悲しみの感情を使う目的はなんでしょうか。たぶんそれは、

自分がやったことをすべて相手に見てもらってそれを認めてほしいということを達成したいのでしょう。あなたには、一般的に「私がやったことはすべてまわりの人から認められ、できれば賞賛されるべきだ」という目標があるのかもしれません。

しかし、この目標もまたあなたのプライベートな目標なのです。まわりの人は、あなたのプライベートな目標を知りません。もし知ったとしても、あなたの努力のすべてを認めて、賞賛するという行動を、相手に要求するわけにはいきません。それに、相手に要求しなくてもそうしてほしいというのが、まさにあなたの仮想的目標なのです。

そうすると、あなたは少しだけ妥協する必要があります。つまり、相手の期待に応えて行ったあなたの努力のすべてが認められなくても、それは少しガマンしようということです。できますか？　その少しの妥協ができれば、あなたはイライラを使わなくてもすむのです。

ケース③ 相手のためにとアドバイスしているのに、逆に反発されてしまう

「相手のためを思って、アドバイスしているのに、それに応えてくれません。あるときには反発されて反論を受けてしまいます。私はよく考えて、相手にとってこれがベストだろうと思えるアドバイスをしているのに、それを受け入れようとしない相手を

見ると、ムカムカしてきます。どうしたらいいでしょうか」

あなたがムカムカする目的はなんでしょうか。おそらくそれは、自分がよく考えて出したアドバイスを素直に相手が受け入れてほしいということなのでしょう。あなたには、一般的に「私が出すアドバイスをすべての人は受け入れるべきだ」という目標があるのかもしれません。

しかし、この目標はあなただけのプライベートな目標なのです。まわりの人は、全員があなたのアドバイスを素直に受け入れてくれる人たちとは限りません。もちろん、相手にとってぴったりの良いアドバイスであれば、それは受け入れられる確率が高いでしょう。しかし、たとえ良いアドバイスであっても、それを受け入れるかどうかは、相手の判断に委ねられるのです。

そうすると、**「自分のアドバイスを相手はすべて受け入れるべきだ」という仮想的目標を少しだけ割り引くことが必要です。**つまり、「自分は最善だと思うアドバイスをしているけれども、相手にはそれを受け入れるかどうかを決める権利がある。それに対して、私は押し付けることはできない」というように目標を少し修正するのです。そして、「もし私のアドバイスを聞いてもらえるなら、それは私の喜びになるでしょう」と考えます。そうすれば、もうアドバイスをして、ムカムカすることはなくなります。

6 マイナスの感情がわいてきたら、その場を離れよう

アドラー心理学では、怒りやイライラ、悲しみといった感情は、自然に出てくるのではなく、それぞれの人が持つ「個人的な仮想的目標」を達成するために「使用する」ものだと考えています。もし、その目標が直接的に妨害されたり、達成されそうにないことを予感すると、感情を発動して、その状況をなんとか打開しようとするのです。つまり、感情はあなたの「目標を達成するためになんとかしよう」という努力の表れです。あなたが感情を使っているのです。感情があなたを支配しているのではありません。

とはいっても、自分が感情で満たされてしまって、どうしようもないということもあるかもしれません。そのようなときには、**「まずその場を離れる」というのが効果的な方法です。**もし怒りの感情で満たされてしまったら、なにもいわず静かにその場所を離れます。もしイライラを感じたら、その場から離れて、一人で落ち着けるところに移動します。悲しみの感情がわいてきたら、その場から別の場所に移動しましょう。

そして、少し落ち着いたところで、自分の感情の目的はなんなのかを振り返ってみ

ましょう。きっとその仮想的目的はあなたにとって良いものであり、大切なものであることでしょう。それが達成されないことが予想できたので、マイナスの感情を発動させて、なんとか打開しようとしたのです。であれば、マイナスの感情を使わなくても、落ち着いて相手に話をすれば、うまく達成できるかもしれません。もちろん自分の方が少し妥協する必要があるかもしれません。いずれにしても、相手とゆっくり話をする必要があります。

アルバート・エリスはアドラーの「仮想的目標」という考え方を進展させて「論理療法（現在は人生哲学感情心理療法）」というモデルを作りました。個人的な仮想的目標は、何度も使うことによって、強固な「信念」となります。アンガーマネジメントでいうところの「コア・ビリーフ」です。この信念はいわば個人的な思い込みですので、決して公共的なものでもなく、正しいものでもありません。エリスはこれを「イラショナル・ビリーフ（不合理な信念）」と呼びました。そして、このイラショナル・ビリーフに対して、何度も徹底的に反論することで、それを変えることができるとしたのです。

アドラーは、各自が仮想的目標を持ち続けているのだということを洞察すれば、それを変えることができると考えました。しかし、仮想的目標そのものに気づかなければば、決して自分を変えることはできません。変える必要性に気づかないからです。

しかし、あなたは今、マイナスの感情を目印にして、自分の仮想的目標に気づくことができます。あとは、ゆっくりと落ち着いてその仮想的目標を点検すれば良いのです。それは、少しは変える必要のあるものなのかどうかを自分で決めることができるのです。

まとめ

この章では「なぜイライラしてしまうのか」という問いからスタートしました。私たちはそれぞれ仮想的な目標を持っていて、それが実現できなかったり、実現できないことが予想されると、その目印としてイライラ感情を自分で発動するという仕組みを説明しました。そして、それを解決する方法として、まず自分の仮想的目標に気づくこと、そしてその目標を少し変えたり、少し妥協する余地があるかどうかを点検してみることを提案しました。

アドラー心理学では、自分にとって不愉快な出来事が起こると、感情が自然にわいてきて、あなた全体を支配するのだとは考えません。そうではなく、この状況をなんとかしようとして、あなた個人が感情を使っているのだと考えます。この考え方を採用するかどうかは、あなた自身の判断にかかっています。

この章の内容をまとめておきましょう。

▼私たちは、とりわけ対人関係の中で、イライラしたり、怒りの感情を持つことがある。

▼アドラー心理学では、こうした感情は自然にわいてくるのではなく、状況をなんとかしようとして「使用している」ものだと考える。

▼状況をなんとかしようとするのは、それぞれが自分がそうなると良いと思っている「仮想的目標」を持っているからである。

▼仮想的目標がうまく実現されそうにないことを予見すると、感情を発動してなんとかしようとするのである。

▼しかし、イライラや怒りの感情を使っても、問題解決することはほとんどないどころか、人間関係を破壊することにつながる。

▼問題を解決するためには、自分の良い意図に基づく仮想的目標を相手に冷静に

話して、理解してもらうか、あるいは、自分の仮想的目標を少し変更して、妥協することが必要である。

▼そのために一度冷静になる必要がある。

▼冷静になるためには、その場を一度離れるのが一番簡単で効果的な方法である。

▼冷静になって、ゆっくりと事態がどうなって欲しかったのか、自分は何を目指していたのかを考え、個人的な仮想的目標を点検するのが、解決法になるだろう。

Column

あなたの「常識」は相手の「常識」とは違っているかもしれない

先日、待ち合わせの日時を決めて、時刻通りに相手を待っているのに、なかなか来ないということがありました。約束の時刻を少し過ぎたころから、私はだんだんとイライラし始めました。ちょうどそのときに、ケータイにメッセージが入りました。「ちょっと遅れます。15分後には着きます」というメッセージでした。私の感情はイライラを通り越して、怒り寸前です。

このとき、私の仮想的目標は「彼は約束した時刻をきちんと守るべきだ」ということです。それが果たされなかったので、イライラという感情を使って、この状況を打開しようとしたわけです。しかし、私がイライラしても、状況は変わるものでもありません。さらには、そのイライラを持ち越したまま、相手が現れた途端にそれが爆発して、相手に怒鳴り散らそうものなら、人間関係を壊してしまうことになるでしょう。

一方、約束の時刻に遅れた相手の仮想的目標はどんなものでしょうか。「きちんとメッセージを送ったのであれば、多少の遅刻は許されるべきだ」ということかもしれません。「約束の時間はきちんと守るべきだ」という信念と「相手に知らせれば多少の遅刻は許されるべきだ」という信念のどちらを取るかは、その人次第ですし、世代によっても変わってくるでしょう。言えることは、どんな信念であっても、その人自身が選んだプライベートなものだということです。

私たちは、自分が「常識（Common sense）」だと信じている基準にしたがって、世の中が動いてほしいと思っています。しかし、その「常識」は、自分だけに通用するプライベートな価値観に過ぎないことが多いのです。アドラー心理学では、これを「私的感覚（Private sense）」と呼んでいます。この私的感覚が相手に通用しないときは、これをすり合わせる必要があります。その上で、もし相手と共通の基準や価値観を共有できたのであれば、これを「共通感覚（Common sense)」と呼びます。

同じ「コモン・センス」という用語を、前提条件なしに共有される「常識」と考えるのと、相手とすり合わせた上で、なんとか見つけ出した「共通感覚」と考えるのでは大きな違いがあります。

私たちがいろいろな人たちと話をする目的の一つには、自分の私的感覚を共通感覚に変えていくということがあります。ケータイを誰もが持つ時代にあっては、待ち合わせ時刻はおおよそで決めておいて、そのときになったら正確な到着時刻をメッセージで知らせるようにする方がいいのかもしれません。そのときは、それが多くの人の共通感覚になったということです。

Alfred
Adler

第3章

こんなに面倒をみているのに……

1 部下がいうことを聞いてくれない

「部下がいうことを聞いてくれない」

「部下のためを思って言っているのに、反発されてしまう」

「部下をほめるのが難しい。叱るのはさらに難しい」


もしあなたが部下を持っている立場であれば、こんな悩みがあるかもしれません。

また逆に、あなたが上司の下で働いているのであれば、こんなことを感じているかもしれません。


「上司が私に何をしてほしいのか、うまく伝わってこない」

「上司がほめたり、叱ったりして、私をうまく動かそうとしているのが嫌だ」


そんなわけで、書店には「うまくほめる技術」とか「やる気を出させるほめ方」、あるいは「叱って伸ばす技術」とか「上手な叱り方」というようなタイトルの本をたくさん見つけることができます。

会社は組織で動きます。その組織はひとりひとりの個人で構成されています。個人は職務上の役割を割り当てられて、その仕事をこなしていきます。こうして会社は業績を積み上げ、社会全体がうまく回っていくわけです。これは社会全体として自然なことのように思えます。

とすれば、組織の中の誰かが別の誰かを、ほめたり、叱ったりすることは必要なことなのでしょうか。もしその人が自分の職務をきちんとやっているのであれば、それは当然のことであり、取り立ててほめなければならないものではないでしょう。もしその人が自分の職務を果たしていないのであれば、そのことを指摘して、果たすように指示すればいいだけのことであり、取り立てて叱らなければならないことではないでしょう。そして、もしその人が、何をやっていいのかわからないのであれば、丁寧に教えてあげればいいだけのことであり、叱る必要はまったくないのです。

それなのになぜ私たちは、ほめたり、叱ったりしてまわりの人たちをコントロールしようとするのでしょうか。

ひとつの理由は、「人間はもともとナマケモノだから、ほめたり、叱ったりしなければば働かないものだ」という信念を私たちが持っているからです。

もうひとつの理由は、「ほめたり、叱ったりする方法は、他の人をコントロールするためには非常に効果的な方法だ」という信念を私たちが持っているからです。

このふたつの信念ははたして正しいものなのでしょうか。それとも私たちの単なる思い込みにすぎないものなのでしょうか。もし思い込みにすぎないのであるとしたら、別の考え方としてどんなものがあるのでしょうか。これをこの章で考えていきたいと思います。

2 私たちは分業し、協力するためにチームを組む

マクレガー（1970）は『企業の人間的側面』という本の中で、人間の性質について「X理論」と「Y理論」という2つの見方があると言っています。X理論の見方をとれば、人間は本来「怠け者」であり、ご褒美や罰といった「アメとムチ」を使って外からコントロールしなければ動かないものだと考えます。それに対して、Y理論の見方をとれば、人間は本来「自己実現」を目指している存在であり、本人の主体性に任せればうまくいくと考えます。

それでは、X理論とY理論のどちらが正しいのでしょうか。実際のところは、どちらか一方が正しいということはなく、両者がミックスした中間地点ということになるでしょう。つまり、人間は誰でもより優れた自分になろうという目標を持っていて、それを目指して努力していく存在です。これは同時に、アドラー心理学の基本的な人間観でもあります。しかし、何の制約もないところでは、具体的な目標も立てにくいでしょうし、努力の道筋もつけにくいものになります。なによりも、私たちは自分自身の生計を立てていかなくてなりません。そうすると、自分の好きなことだけをするのではなく、少し我慢して生活を支えるための仕事をしなくてはなりません。

部下をきちんと働かせるためには、ほめたり叱ったりしてコントロールしなければならないと考えている人は、マクレガーのX理論の立場を取っているわけです。しかし、いま考えてみたように、X理論だけが正しいということはなく、実際のところは、私たちは自らが主体的に考え、行動していくという側面もあります。さらにいえば、私たちは、いちいちほめられたり、叱られたりしなくても、ルールにしたがって行動することができます。雇用されるということは、会社と契約関係を結び、そのルールにしたがうということなのです。その契約書には、「あなたを働かせるために、ほめたり、叱ったりします」ということは書かれていないはずです。雇用された時点で、あなたにはルールにしたがって働くことが期待されています。

アドラーは、人生の課題（ライフタスク）として「仕事、交友、愛」の3つを挙げました。仕事のタスクは、肉体的、物理的には弱い人間という種が、地球という惑星の上で生き延びていくための解決策を求めるタスクなのです。人類が、衣服を着たり、食物を生産したり、家を建てたりするのは、そうしなければ生き延びられないからです。そうして町を作り、学校を作り、会社を作り、病院を作り、それが社会となりました。そこで必要となるたくさんの仕事は、一人ですべてまかなえるものではありません。

そこで、私たちは必要な仕事を分けることを発明しました。これが「分業」です。分業することによって、私たちは全体としてうまく生きていくことができます。それぞれに自分の得意な領域で能力を提供します。そして、得意でない領域については、他の人がやってくれるのです。このようにして協力関係を築きあげてきたのです。私たちが働くということは、仕事を分業し、協力し合うということにほかなりません。

3 タテの関係から対等なヨコの関係へ

私たちは、自分の生計のために少しがまんして働かなければなりません。もし好きなことだけをして生活できるのであれば、それに越したことはありません。しかし、なかなかそうはなりません。人類全体が採用している「分業というシステム」の中のどこかに自分を組み込もうとするわけですから、少しはがまんが必要なのです。

しかし、このがまんはネガティブな意味だけではありません。仕事をしていく中で、自分が何が得意であり、どんな仕事をすれば一緒に働く人たちに貢献できるのかということを、試しながら発見していく機会となるのです。先輩からいろいろなことを教えてもらいながら、仕事を覚え、さらには改善していくプロセスの中で、自分の得意な領域を探していくのです。組織の中で働くということは、そういう意味です。

会社の中で長く働いていれば、さまざまな知識や技能が身につきます。また、さまざまな職務を経験していくことになります。そうして上司となり、部下を持つことになります。しかし、だからといって、上司が上等な人間であり、部下が下等な人間ということにはなりません。上司も部下も、同じ対等な人間です。たまたま、会社に入った時期が違うということだけなのです。そして、上司には上司が担うべき役割があり、部下には部下が担うべき役割があります。部下は上司の仕事をできませんし、同様に、上司もまた部下の仕事はできないのです。まさにそれが分業ということにほかなりません。

対人関係において、どちらかが上で、もう一方が下であるような関係を、アドラー心理学では「タテの関係（Vertical relationship）」と呼びます。上司は部下に対して指示を出し、部下はそれを実行するので、「上司は上、部下は下である」と考えると、これは「タテの関係」になります。また、親は子どもを育てているので、「親は上、子どもは下」と考えると、これも「タテの関係」になります。さらに、先生は生徒を教育しているので、「先生は上、生徒は下」と考えると、これもまた「タテの関係」になります。

しかし、これとは違う見方をすることもできます。上司は指示を出すという役割を担い、部下はそれを実行するという役割を担うだけなので、両者は「対等な人間である」と考えられます。また、親は養育するという役割を担い、子どもは自分を成長させるという役割を担うだけなので、両者は「対等な人間である」と考えられます。さらに、先生は教えるという役割を担い、生徒は学ぶという役割を担うだけなので、両者は「対等な人間である」と考えられます。

このように、対等な関係を「ヨコの関係(Horizontal relationship)」と呼びます。**ヨコの関係をとれば、それぞれの人は役割が違うだけであって、人間としては対等であると考えるのです。**たとえそれが、上司と部下であっても、親と子であっても、先生と生徒であっても、役割が違うだけの対等な人間であると考えるのです。

4 「あなたのため」は実は「私のため」

私たちは社会の中で分業することによって協力しています。上司と部下の関係も、先生と生徒の関係も、親と子の関係も、それぞれの役割を分担しているのだと考えると、一対一の対等な関係「ヨコの関係」を築くことができます。

しかし、それにもかかわらず、私たちがほめたり叱ったりして、相手をコントロールしようとしてしまうのは、「ほめたり、叱ったりする方法は、他の人をコントロールするためには非常に効果的な方法だ」という信念を私たちが持っているからです。

実際のところ、目の前にいる相手をほめれば、相手は喜びます。その喜んだ表情をすぐに確認できますので、「ほめることは効果的なんだ」ということを毎回確信するようになります。また、目の前にいる相手を叱れば、相手はすぐにシュンとなります。そのシュンとした表情をすぐに確認できますので、「叱ることもまた効果的だ」ということを確信するようになります。

こうした体験をしていくことで、「ほめたり叱ったりすることは相手をコントロールするために効果的だ」ということを確信し、固い信念となります。しかし、ほめたり叱ったりすることは実はそれほど効果的ではありません。ほめなくても自分で研鑽し、成長していく人がいる一方で、いくらほめても成長しないばかりか、ほめられなければ何もやらない人がいます。また、小さな失敗から改善点を自分で見つけて、日々の業務を確実なものにしていく人がいる一方で、叱られても叱られても、少しも改善の見られない人がいます。

ほめたり叱ったりすることは「相手に対して」効果的なのではなく、「自分自身に対して」だけ効果的なのです。どういうことかというと、ほめたり叱ったりしたときに、その瞬間、相手の表情が変わるということが、自分自身にとって「これは効果があった」ということを確信させるという意味で効果的なのです。ほめたり叱ったりすることで、本当に相手が変わるかということについては、長い目で検証する必要がありますし、実際のところ、その効果は半々のほぼ偶然の確率です。しかし、ほめたり叱ったりした瞬間、相手の表情が変わるということが、自分にとって効果があるのです。

その効果とは、「相手は自分の思う通りに変わるかもしれない」という期待です。つまるところ、私たちはほめたり叱ったりすることで、相手を自分の思う通りに動かしたいのです。「あなたのためを思って言っているのですよ」ということは、実は「あなたを私の思う通りに動かしたい」と思っている、この私のためなのです。アドラー心理学は、その自己欺瞞の構造を明らかにしているのです。

5 ほめたり叱ったりするのではなく勇気づけをする

「いや、私は本当に相手のためを思って、ほめたり叱ったりしているんだよ」という人もいるでしょう。承知しました。では、ほめたり叱ったりするのではない別の方法を提案しましょう。アドラー心理学ではそれを「勇気づけ（Encouragement）」と呼びます。

勇気づけの方法は以下のようです。

（1）これまでの過程、できているところ、本人の成長に注目する

（2）成功からも失敗からも学ぶことができることを言う
（3）良い意図と行動に注目し、その協力と貢献に感謝する

（1）は、結果だけに注目するのではなく、その人がこれまで努力してきた過程に注目することです。また、ダメなところや悪いところではなく、できているところや良いところに注目することです。さらに、他の人との比較や競争ではなく、本人の成長に注目することです。

（2）は、単に成功という結果に注目するのではなく、どんなところがすばらしいのかということに注目することです。逆に、失敗の場合であれば、どこを改善すれば次はうまくいくのかということを考えてもらうことです。人は、成功からも失敗からも学ぶことができます。そうすることによって相手が成長することを促します。

（3）は、いつでも使えるゴールデンルールです。相手の良い意図と行動に注目し、その協力と貢献に感謝します。

では、具体的なケースに沿って、勇気づけの練習をしてみましょう。ほめる、叱るの例を出してから、最後に勇気づけの言葉を提案します。これらを比較することで、注目の仕方が違うことを感じとってください。

ケース① 子どもが逆上がりができるようになった・まだできない

まず、ほめる・叱る例です。

・結果をほめる「逆上がり、できるようになったね。できることが大事だよ」
・能力をほめる「逆上がり、できるようになったね。やればなんでもできるんだよ」
・比較してほめる「逆上がり、○○ちゃんよりも先にできるようになったね」
・結果を叱る「逆上がり、またできなかったのか。次はがんばれ」
・能力を叱る「逆上がり、なかなかできるようにならないね。だめだなあ」
・比較して叱る「逆上がり、まだできないのね。○○ちゃんに負けちゃったね」

これに対して、まず、できたときの勇気づけの例です。

・過程に注目する「逆上がり、できるようになったね。たくさん練習してきたものね」
・良いところに注目する「逆上がり、できるようになったね。特に足の蹴り上げ方がいいように見えたよ」
・成長に注目する「逆上がり、できるようになったね。毎回体の使い方がうまくなってきたからね」

・成功から学ぶ「逆上がり、できるようになったね。さらに勢いをつけていけば、2回まわれるかもしれないね」

・貢献に感謝する「逆上がり、できるようになったね。私もうれしいなあ」

次は、できないときの勇気づけです。

・過程に注目する「逆上がり、まだできないけど、たくさん練習しているのを知っているよ」

・良いところに注目する「逆上がり、まだできないけど、足の蹴り上げ方はできているので、あとは勢いをつけるといいんじゃないかな」

・成長に注目する「逆上がり、まだできないけど、だんだんと体の使い方がうまくなってきているよ」

・失敗から学ぶ「逆上がり、まだできないけど、特にどこを練習したらいいと思う?」

・貢献に感謝する「逆上がり、まだできないけど、がんばっている様子を見ると私もうれしいなあ」

ケース②

部下が大きな契約を取ることができた・失敗した

まず、ほめる・叱る例です。

・結果をほめる「契約を取ることができたね。あなたの大きな業績になったよ」
・能力をほめる「契約を取ることができたね。やはりあなたは有能だ」
・比較してほめる「契約を取ることができたね。◯◯さんに大きな差をつけたな」
・結果を叱る「契約は取れなかったか。次は死ぬ気でがんばれ」
・能力を叱る「契約は取れなかったか。能力がないのかな」
・比較して叱る「契約は取れなかったか。◯◯さんにまた差をつけられたな」

これに対して、まず、できたときの勇気づけの例です。

・過程に注目する「契約を取ることができたね。これまでに努力を積み上げてきた賜物だね」
・良いところに注目する「契約を取ることができたね。今回は特にプレゼンに説得力があったように見えたよ」
・成長に注目する「契約を取ることができたね。回数を重ねるごとに仕事の進め方が安定してきたね」
・成功から学ぶ「契約を取ることができたね。今回は特にどこがうまくいったと思う？」
・貢献に感謝する「契約を取ることができたね。どうもありがとう。私もうれしいよ」

次は、できないときの勇気づけです。

・過程に注目する「契約は取れなかったけど、たくさん努力してきたことを知っているよ」
・良いところに注目する「契約は取れなかったけど、プレゼンはとてもよくできていたと思う」
・成長に注目する「契約は取れなかったけど、仕事の進め方はとても上達してきていると思う」
・失敗から学ぶ「契約は取れなかったけど、次のために特にどこを改善したらいいと思う？」
・貢献に感謝する「契約は取れなかったけど、がんばってくれてありがとう。またチャンスがある」

いかがでしょうか。ほめる・叱ると勇気づけのことばの違いを感じ取ってもらえたでしょうか。ほめる・叱るという行動には、相手を自分の基準にしたがって評価することが含まれています。強いことばでいえば、「相手を裁く」ということです。一方、勇気づけは、相手を裁くのではなく、相手を信頼し、相手の決心をうながすことです。こうした勇気づけの言葉を使っていると、不思議なことに、自分自身にも勇気がわいてきます。

6 支配もなく、反抗もなく、依存もない対等の関係を作る

私たちが、ほめたり叱ったりして相手をコントロールしたがるのは、それが効果的だと信じているからです。しかし、実際は、ほめたり叱ったりしたときの相手の反応が明らかなので、効果的であるかのように見えるだけです。長期的に見れば、ほめたり叱ったりすることによるマイナスの副作用が大きいのです。

ほめたり叱ったりすることのマイナスの副作用は二つあります。まず一つ目は、ほ

められなければ適切な行動をしなくなったり、叱られなければ不適切な行動をするようになることです。つまり他者からのコントロールがなければ適切な行動ができなくなってしまいます。これでは、自立した人間にはなれないでしょう。

二つ目は、ほめられないことが予想されれば、チャレンジや努力をやめてしまいます。また、叱られることが予想されれば、何もしなくなり、消極的になります。これでは成長していく人間にはなれないでしょう。

自分が相手をほめたり叱ったりできるのは、自分が相手よりも上の位置を占めていると考えているからです。この上下関係を「タテの関係」と呼びます。人はタテの関係を感じると、2通りの方法で対応しようとします。一つは、「反抗する」ことです。「この人には支配されないぞ」と決心し、相手に反抗します。もう一つは、「依存する」ことです。「この人の支配下にいれば安心だ」と考え、自分は責任を取らなくてもいいという立場を確保するのです。もし、あなたが部下を持っていて、相手とタテの関係を作っているとすれば、部下は、反抗するか、依存するかのどちらかの状態に落ち着くことでしょう。

もし、支配もなく、反抗もなく、依存もなく、お互いが一人の自立した人間として対等の関係を作ろうと思うのであれば、「ヨコの関係」を築く必要があります。親と子、先生と生徒、先輩と後輩、上司と部下のように立場が違う場合でも、ヨコの関係を作ることができます。それは、二人が対等の人間として、それぞれの役割を責任を持って果たすということで実現できます。

ヨコの関係を作れば、ほめたり叱ったりする必要はなくなります。お互いが対等の人間だということを確信しているので、相手をコントロールしようとする気持ちがなくなるからです。ほめたり叱ったりする代わりに、勇気づけをしようという気持ちになります。勇気づけというのは、相手が課題にチャレンジすることを手助けするということです。

まとめ

この章では、部下がいうことを聞いてくれない、ほめるのが難しい、叱るのはもっと難しい、ということから出発しました。人間は本来「怠け者」であり、「アメとムチ」がなければ働かないと考えれば、相手をなんとかコントロールしなければならないでしょう。しかし、人はすべて優れた自分になることを目指して努力する存在であると考えるアドラー心理学では、相手をコントロールするのではなく、相手が自立し、協力しあえる仲間となることを援助しようとします。それが勇気づけです。部下をほめたり叱ったりするのではなく、勇気づけをしようということを提案しました。

この章の内容をまとめておきましょう。

▼アドラー心理学では、人間は怠け者だという前提を取らない。逆に、優れた自分、完璧な自分を目指して進んで行く存在だと考える。

▼同時に自分の生計を立てるために少しがまんして働くことの必要性も認めている。これを「仕事のタスク」と呼ぶ。

▼仕事のタスクにおける問題は、仕事そのものではなく仕事にまつわる対人関係にある。

▼相手をコントロールしようとして、ほめたり叱ったりする方法を使うことは、短期的には効果的であるように見える。しかし、長期的には、他者に依存的になってしまったり、失敗を恐れて消極的になってしまうというマイナスの副作用がある。

▼相手に自立すること、挑戦すること、協力することを手助けするために勇気づ

けという方法を使うことができる。

▼勇気づけは、（1）がんばってきた過程、できているところ、成長に注目する、（2）成功からも失敗からも学ぶことができることを言う、（3）良い意図や貢献に感謝することによって可能になる。

▼親と子、先生と生徒、先輩と後輩、上司と部下のように立場が違う場合でも、お互いの役割と責任を意識することによって、二人が対等の人間として協力できるような「ヨコの関係」を築くことができる。

▼ヨコの関係を作ることができて、初めて勇気づけが可能になる。

Column

つきあいづらい人たちとのつきあい方

高圧的な上司、依存してくる部下、嫉妬深くいやがらせをしてくる同僚など、職場にはどうにもつきあいづらい人たちがいることがあります。こうした人たちとどのようにつきあっていけばいいのかということについて、アドラー心理学はどのように考えているのでしょうか。

まず、高圧的な上司です。常に上から目線で、命令してきます。こちらがやった仕事に対しても評価するのではなく、むしろ粗探しをしてチクチクと嫌味を言ってきます。こうした人は「優越コンプレックス」を持っていると考えられます。優越コンプレックスは、劣等コンプレックスの裏返しで、元は同じものです。優越コンプレックスを持っている人は、「私は相手よりも劣っているのではないか」という深い怖れを抱いています。その怖れを打ち消すために、あえて「私はあなたよりも優れている」ということを常に示していなくては気が休まらないのです。

次は、依存してくる部下です。仕事に対して自信がなく、すでに自分自身で成し遂げられるようなことであっても、他の人に頼ります。このような場合も、劣等コンプレックスを持っていると考えられます。依存的な部下は、劣等コンプレックスを使うことで、自分の責任を果たそうとせずに、そこから逃れようとするのです。その証拠に、自分に割り当てられた仕事がうまくいかなかった場合には、上司や他の人のせいにしようとします。「あなたが私をちゃんと指導しなかったからだ」と言って、自分の責任を逃れようとするのです。

最後に、嫉妬深くいやがらせをしてくる同僚です。嫉妬する人は、誰かに自分の地位や居場所を奪われたと感じています。そのために、相手を貶めたり、嫌がらせをすることによって、自分の地位を取り戻そうとするのです。しかし、それは成功することはありません。嫉妬もまた強い劣等コンプレックスによって引き起こされています。自分は弱くて劣っているので、誰かによって自分の地位を奪われたと感じているのです。

以上、高圧的な上司、依存的な部下、嫉妬深い同僚といったつきあいづらい人たちをアドラー的に見てきました。これらすべてのケースに、強い劣等コンプレックスが働いていることがわかりました。

では、彼らとうまくつきあうためにはどのようにしたらいいのでしょうか。このような人たちは、勇気をくじかれて、劣等コンプレックスに支配されている状

Column

態です。したがって、こちらができることは勇気づけの方法以外にはありません。少しずつでよいので、がんばってきた過程、できているところ、成長に注目することです。そして、良い意図や貢献に感謝しながら、つきあうことです。気を長く持たねばならないことになるかもしれませんが、そうすることでだんだんと協力的な関係ができていくでしょう。

Alfred
Adler

第4章

子育てに正解はあるのか

育児のすべて
HOW TO 教育

1 子育て論はたくさんあるけれど、何を信じればいいのやら

「いつもグズグズしている子どもに、ついきつく叱ってしまう。自己嫌悪になる」

「こちらが忙しいときに限ってベタベタと甘えてくる。じゃけんにすると泣き出す」

「子どもがおけいこごとをズル休みする。それでいつも言い争いをしてしまう」

「兄弟げんかばかりしている。もう仲裁するのも疲れた」


もしあなたが子育て中であれば、日々大変な思いをしていることでしょう。精神的にも、肉体的にも、ヘトヘトになってしまうこともあるかもしれません。よく考えてみると、私たちは、どのように子育てをすれば良いのかを習ってきませんでした。学校で「子育て」という科目があればいいと思いますが、当分はできそうにありません。

書店に行けば、子育てをテーマした本はたくさん見つかります。いろいろな人が子育ての本を書いています。「のんびり子育て」、「魔法の言葉」、「叱らない」、「ほめて育てる」、「賢い子に育てる」などなど……。しかし、いったいどれを信じて実行すればいいのか迷ってしまいます。

どうやら、子育ての方法には、これが「正解」というものがなさそうです。私たち大人が一人ひとり違う個性を持っているのと同じように、子どももまた一人ひとり違った個性を持っています。ですから、本に書かれた子育ての方法がうまくいく場合もあるでしょうし、またうまくいかない場合もあるでしょう。うまくいくかどうかは、自分の個性と子どもの個性、そしてそのときの状況やお互いの機嫌などによって変わってくるのです。

それでは、書店でフィーリングにあった子育て本を買って、それを実践すればいいのでしょうか。それもいいかもしれません。もし、その本でうまくいかなければ、また別の本を試せばいいのですから。そんなことを続けているうちに子育て期間が終わってしまうかもしれません。

この章では、アドラー心理学が提案する子育ての方法を紹介したいと思います。アドラー心理学では、子育ての方法というよりも、子どもがどんな人に成長してほしいのかという目標を第一に考えます。

2 行動分析学を使えば相手の行動を変えられる

アドラー流子育ての話に入る前に、現在広く使われている子育ての方法について見ておきましょう。

子育ての方法についてはさまざまな本が出版されています。その多くは、著者が自分の子育てを振り返ってみて、それが成功したにせよ、失敗したにせよ、著者自身の経験を語っているものです。それは、話として面白いし、具体的ではあるかもしれませんが、その経験則が必ずしも一般的に成立する保証はありません。たまたま、その親子の場合にうまくいっただけという話なのです。

そうした経験談を除けば、子育ての理論として確立しているのは、行動分析学に基づくものです。本の中に「行動分析学に基づく」とか「行動科学による」という文言が入っていれば、それは行動分析学を背景的理論とした子育ての本だといえます。

行動分析学は、アドラー(1870-1937)より34年あとに生まれた、スキナー(1904-1990)という心理学者が考えた理論体系です。20世紀で大きな影響力を持ち、ペット動物の訓練や、発達障害児の支援教育、効果的な教育方法の開発、心理療法・カウンセリングにおける行動療法などの広い領域で、現在もスキナーの理論が応用されています。

行動分析学の原理を一言でいえば「相手の行動は、それに対してすぐにフィードバックすることで変えることができる」ということです。フィードバックとは、ほめたり叱ったりすることであったり、ごほうびを出したり罰を与えたりすることです。第3章で取り上げた、ほめたり叱ったりすることで相手をコントロールしようとすることや、賞罰で相手を動かそうとする「マクレガーのX理論」は、このスキナーの理論が元になっていたのです。

行動分析学の原理は強力です。そして広く社会の中で実際に使われています。交通違反をして罰金を取られたあとしばらくの間は安全運転をするようになるのも、仕事で業績を上げたら報奨金が与えられてますますがんばるようになるのも、すべてスキナーの理論で説明することができます。

それならば、行動分析学を子育てにも応用しようと考えるのは自然なことです。上手なほめ方と上手な叱り方を使って、子どもの良い行動を増やし、悪い行動を減らそうと考えるのは行動分析的な見方に合致しています。

3 行動分析学の本質は相手の喜びの元を発見すること

行動分析学は相手の行動を変える方法を教えてくれます。しかし、それを単にほめたり叱ったり、あるいは賞罰を使って相手を支配する方法だと判断するのは公平ではありません。もし、自分が賞罰を使うことによって、相手の行動をコントロールできるとしたら、まさにそのことによって、自分もまた相手からコントロールされているのです。つまり、自分が賞罰を使うことで相手をうまくコントロールできるとしたら、その結果によって自分はますます賞罰を使うようになるのです。これが相手からコントロールされているということの意味です。

もしお互い同士のコントロールが十分にうまくいっていれば、自分が望むように相手が動き、同時に相手が望むように自分が動くようになります。なんの行き違いもありませんし、なんのいさかいも起こりません。この状態こそ、お互いが信頼関係にあるということにほかなりません。スキナーが考える信頼関係に基づく理想的な社会とは、このようなものだったのではないかと私は想像しています。

さて、私たちがほめたり叱ったり、賞罰を使うのはそれが効果的だと考えているからです。しかし、実際のところはそれほど効果的ではありません。確かに多くの場合、ほめられることはうれしいことです。しかし、それも相手と場面によります。嫌っている相手からほめられれてもうれしくはありませんし、みんなの見ている前で大げさにほめられるとかえってやりにくくなってしまうこともあります。また、叱られることが悪い行動を抑制するかといえば、叱られることで逆にさらに悪いことをして復讐してやろうと決心することもあります。

ほめたり叱ったり、賞罰を使うことは、行動分析学の本質ではありません。**行動分析学の本質は、「相手の良い行動を見つけ出して、その頻度を上げる」ことなのです。**このことを「強化する」と呼びます。そして、強化するときに使うフィードバックを「好子」と呼びます。多くの場合、ほめることやごほうびを出すことは「好子」であると考えられますが、そうでない場合もあることは見てきたとおりです。つまり、嫌いな上司からの褒め言葉、チョコレートが嫌いな子どもにとってのチョコレート、大金持ちにとっての小銭といったものは好子ではありません。

行動分析学を使って相手の行動を変えようと思うのであれば、相手にとっての好子、つまり相手にとっての喜びの源泉を探し当てる技術が必要です。そのためには、よく相手を観察して、相手を理解することが必要なのです。

4 アドラー心理学は親自身の考え方と行動を変える

行動分析学が子育ての有用な技術を提供しているのに対して、アドラー心理学では、子育ての技術というよりも、親自身の考え方と行動を変えていくことを第一に考えています。ですから「親教育（Parent training）」なのです。

子どもをどのように育てるか、どのようにしつけるか、どのように教育するかということは、親自身が子どもがどのような人間として成長して欲しいのかと考えていることに依存します。まずそこがスタートです。さて、あなたは、子どもにどのような人生を歩んで欲しいと願っていますか。

「子どもには幸せな人生を歩んで欲しい」そう願っていますか。ＯＫ。すべての親は子どもに幸せになって欲しいと願っていると思います。私もそうです。では、幸せに生きていくためには、どのような人間に成長していけばいいのでしょうか。ここは人によって意見が分かれるところです。たとえば「自分の好きなことをのびのびできる人間になって欲しい」とか「他の人に気配りのできる優しい人間になって欲しい」とか「自か「多くの人を引っ張っていくリーダーシップのある人間になって欲しい」とか「自分の能力を最大限発揮して貢献できる人間になって欲しい」などのように子どもがどのような人に成長して欲しいかというイメージはそれぞれの親によって違います。

とはいえ、幸せな人生を歩むためにどのような人間に成長するのがよいかという点については、ある程度の共通項があります。アドラー心理学に基づく子育てプログラムでは、それを次のようにまとめています。

「責任と協力」（ディンクマイヤーのSTEPプログラム）
「勇気と責任と協調」（ポプキンのActive Parentingプログラム）
「自立と調和」（野田俊作のPassageプログラム）

まとめれば、子どもには次の2つの能力を備えて欲しいのです。

・自分の人生を自分自身で引き受ける能力
・社会の中で他の人と協力して生きる能力

アドラー心理学では、この2つの能力があれば、幸せに生きることができると考えています。もしこれに同意してもらえるなら、子育ての方法は、すべてこの2つの能力を子どもが備えるための支援になっているかどうかという一点で判断することができます。これは非常にシンプルな原則として使えます。

5 子どもは日々の経験から何を学んでいるか

私たちは子どもから成長して大人になるまでにさまざまなことを学んできました。私たちは今までどのようにして学んできたのでしょうか。もちろん小学校、中学校、高校のような学校の中で先生が知識として教えてくれることはたくさんありました。しかし、私たちが「こんなときはこのように行動しよう」とか「私はこんなふうに考えて生きていこう」というように自分で決断することは、学校の先生からではなく、自分自身の経験から学んできたのです。

人に教えられたことでも、本から読んだことでも、それが自分の経験として体験されなければ自分のものにはなりません。それは子どもであっても、大人であっても、変わりません。**私たちは生涯にわたって自分自身の経験によって学び続けるのです。**

とはいえ、自分の経験から何をどのように学んでいくかはその人によります。同じようなことを経験しても、そこから何かを学ぶ人もいれば、何も学ばない人もいます。とすれば、私たちは子どもには、経験から多くのことを学んでいく人になってほしいと考えるでしょう。

たとえば、階段の3段目くらいの高いところから跳び降りると、うまく着地できるかもしれないですし、もしかするとケガをするかもしれません。このように自分の行動の結果が自然の法則にしたがって自分自身にふりかかってくることを「自然の結末（Natural consequence）」と呼びます。子どもは自然の結末から自分で学ぶことができます。もし転んでしまった場合は、次はもっと安全な2段目から跳ぼうと思うかもしれませんし、もう階段から跳び降りることはやめるかもしれません。いずれにしても、子ども自身で学んでいるので、親の介入は必要ありません。

もしここで親が介入して「階段から跳び降りてはいけません」と禁止したら、子どもは何を学ぶでしょうか。「自分の行動が危険かどうかの判断は親がしてくれる」ということを学ぶかもしれません。または「自分は高いところから跳び降りる能力はない」ということを学ぶかもしれません。いずれにしても「自分の人生を自分自身で引き受ける能力」を伸ばすことにはならないでしょう。

「それでは、子どもが自分の好きなようにすることを放っておいていいのですか？」

と疑問に思う人もいるかもしれません。これは子どもを放任しておいていいということではありません。自然の結末を体験することが、（たとえば階段ではなく屋上から飛び降りるとか）生死に関わるようなことであれば、もちろん止めに入ります。また、他の子に暴力を振るうなどの社会のルールに反していることも止めに入ります。しかし、それ以外のことは、できるだけ自分で体験して、その自然の結末から学ぶのが良い、とアドラー心理学では考えています。

6 親の期待や心配は親自身の課題

今は大人となった私たちは、子どもの頃は自分の親からさまざまなことを言われて育ちました。親から期待される一方で心配もされ、ほめられたり叱られたりしながら育てられてきました。ですから、自分が親として子どもを育てるときも同じように、子どもに期待をしたり、心配をしたりして、さまざまな方法で子どもに介入しようとするでしょう。そして、自分の思い描く理想的な人になってほしいと、子どもを操作しようとするのです。

しかし、子どもに介入したり操作したりすることは、子どもを支配したり、依存心を植え付けてしまうという結果になるでしょう。もし子育ての目標が、子どもに自分の人生を自分自身で引き受ける能力をつけてほしいということであれば、この目標を目指すものにはなりません。

親が自分の子どもについて、こんな人になってほしいと願うのは自由です。しかし、そうなるように期待するのも、そうならないことを心配するのも、それはあくまでも親自身の課題なのです。子どもは自分の人生を自分で決めます。そのことは、親が子どもに「自分の人生を自分で引き受ける能力」を身につけてほしいと願っていることそのものです。とすれば、子どもへの期待や心配は、子どもの課題とは切り離して、親自身の課題として引き受けなければなりません。これが、アドラー心理学に基づく子育てが、他の子育てとは大きく違うところです。

ある課題に対して、どう考え、どう解決したかの結末がその人自身にふりかかるとき、それを「その人の課題」と呼びます。子どもの生活にはさまざまな課題があり、それに対処した結末が子ども自身にだけふりかかるのであれば、それは「子どもの課題」です。たとえば、宿題があるのに、ゲームをしていて、宿題を忘れてしまい、その結末として、翌日学校の先生に叱られたとすれば、叱られるという結末は子ども自身にだけふりかかりますので、子どもの課題です。それに対して、親が「宿題を忘れるような子にはなってほしくない」とか「ゲームばかりしていてはダメだ」と考えるのは自由ですけれども、そう考えることと、その考えにしたがって自分がどのように行動するかを決めることはあくまでも「親の課題」です。

このように「その課題は誰のものなのか？」ということを明確に考えて、相手の課題と自分の課題を区別することを「課題の分離（Who owns the problem?）」と呼びます。まず、課題の分離をすることによって、親が子どもの課題にむやみに踏み込まないようにするのです。その目的は「自分の人生を自分で引き受ける能力」を子どもに身につけてほしいという一点にあります。

7 まず課題の分離をしてから協力することを学ぶ

それでは、親は子どもの課題について何もすることができないのかというと、必ずしもそうではありません。アドラー心理学のもう一つの育児の目標は「社会の中で他の人と協力して生きる能力」を育てるということでした。子どもが出会う最初の他人は親です。ですから、まず親と協力して生きていくことを学んでほしいのです。

子どもが親と協力することを学ぶために、その前提条件として親が課題の分離を身につけるのです。親が課題の分離を身につけられなければ、あらゆる子どもの課題に対して、親が踏み込んでしまいます。その結果として、子どもは「親がいなければ自分では何もできない存在なんだ」ということを学んでしまうでしょう。そうすると、他の人に協力をお願いするということも、他の人を助けるということも学ぶ機会を失います。「自分一人では困難なことであっても、協力してくれる人がいればそれは可能になる」ということを学ぶために、まず課題の分離が必要なのです。

課題の分離をして、子どもの課題と親の課題が明確になったら、親が協力する準備ができます。親と子が共通の目標に向かって協力する課題を「共同の課題」と呼びます。子どもの課題を共同の課題にすることができるのは、ひとつは子どもから親に頼んできたときです。たとえば「宿題がわからないので、教えて」と子どもが頼んできたら、初めてそこで手伝うことができます。「手伝って」と言われないのに、親の方から「宿題出てるでしょ？　見てあげるから」と介入してしまうと、子どもは勇気をくじかれるでしょう。つまり、子どもは「自分の課題は他人が心配してくれる」とか「自分は誰かに手伝ってもらわなければ課題を解決できない」ということを学んでしまうのです。

ですから、子どもからきちんと言葉にしてお願いをしてもらうことです。そうした上で、「今、食器を洗っているので、それが終わってからね」とか「15分まで一緒に見てあげるので、あとは自分でできるかな？」などのように手伝い方の合意をとってから共同の課題にします。

もうひとつ、共同の課題にできるのは、親から協力を申し出て子どもが了承したときです。「何か手伝えることはありますか？」と親の方からたずねてみて、もし子どもが「手伝ってほしい」と言ってくれたら、そのときは共同の課題にすることができます。その了承なしには、親は勝手に子どもを手伝うことはできません。それはあくまでも子どもの課題であって、親の課題ではないのですから。

いちいち言葉で言うのがめんどうくさいと思われるかもしれません。しかし、それがコミュニケーションの第一歩です。課題の分離をすることで、子どもに「自分の人生を自分自身で引き受ける能力」を身につけてもらい、共同の課題を作ることで「社会の中で他の人と協力して生きる能力」を身につけてほしいのです。アドラー心理学が提供する親教育の目標は、こうしたコミュニケーションを自分の子どもと取れるようになることです。

まとめ

この章では、子育ての正しい方法というのはあるのかという問いから出発しました。まずこの半世紀に広く応用されているスキナーの理論である行動分析学について検討してみました。行動分析学のキモは、相手にとっての「好子」つまり相手が喜ぶことは何なのかを見つけられるかどうかにかかっているということです。そして、双方が好子を出し合うことによって信頼関係ができていくのです。このように相手をよく観察して好子を見つけ出すという文脈において行動分析学を使うのは悪くありません。

一方、アドラー心理学に基づく親教育では、子どもとの良い関係を作るために、親自身の考え方をどのように変えていくかということに注力します。子どもを変えるのではなく、まず親自身を変えるのです。その目標は、子どもが自立し、他の人と協力できるように成長することです。そのように子どもが成長するためには、親が次のように考え、行動していくことを提案します。

▼子どもは日々の経験からあらゆることを学んでいる。その結末が子ども自身にふりかかるのであれば、それは「子どもの課題」である。

▼子どもの課題には、それが危険でない限り、親は踏み込むことはできない。子どもについて期待したり心配することは「親の課題」であり、これは親自身が引き受けるものである。これを「課題の分離」と呼ぶ。

▼課題を分離することで、子どもは「自分の人生を自分自身で引き受ける」ように成長していくだろう。

▼課題の分離ができたあとならば、場合によってはそれを「共同の課題」にすることができる。ひとつは、子どもがお願いしてきた場合であり、もうひとつは、親が子どもに協力を申し出た場合である。

▼いずれの場合も、親と子どもが話し合いをして、どこまでどのようにして協力するのかということを合意する必要がある。これによって子どもは、他の人とどのように協力すればいいのかということを学ぶだろう。

Column

良い習慣をつける　悪い習慣をやめさせる

子どもの課題については、子ども自身が自然の結末を体験して、そこから学んでもらうのが良いとアドラー心理学では考えています。たとえば、歯磨きの習慣を身につけることは子どもの課題です。しかし、走って転べば、すぐに「痛み」という自然の結末を得ることができる一方で、歯磨きをしないからといって、すぐに「虫歯」という自然の結末がやってくるわけではありません。ずっと歯磨きをしないでいて、あるとき虫歯になるという自然の結末を体験しても、そのときには遅すぎるということになります。

このような場合、子どもと話し合うことで、親が手助けをしてあげられます。親の願いは「子どもが健康な歯でいてほしい」ということであり、子どもの目標も「自分の歯が健康であってほしい」ということです。しかし、子どもには「自分の歯が健康であること」と歯磨きの関係がよくわかっていないのです。それは自然の結末がすぐにはやってこないことによります。しかし、親と子どもの目標は一致しているので、「共同の課題」を設定することが可能です。それは、子どもの了解を得て、親が歯磨きを手伝ってあげることです。

こうすることで、親が子どもの歯磨きを手伝ってあげることができます。手伝う方法は、子どもとよく相談して決めます。忘れないように声をかけるだけでいいのか、最初だけ一緒に歯磨きをしてほしいのか、というような具体的な方法を決めておくのです。これを親と子どもが話し合いをして決めておくということが大事です。この話し合いによって、子どもが、親から支配されているのではなく、親と対等の関係で協力し合っているのだという感覚を学ぶことができます。

寝る前にスマホを見る習慣というのはどうでしょう。これも、結末が子ども自身にかかってきますので子どもの課題です。しかし、長期的には、スマホ依存症になったり、目を悪くしたり、寝不足になったりなどの悪い結末が起こることが予想されます。自然の結末を体験したあとでは、遅すぎるということになりかねません。

このような場合でも、まず課題を分離したあとに、親と子どもが話し合うことによって、共同の課題にすることができます。この話し合うというステップが大切なのです。たいていは、親が頭ごなしに「スマホばかりいじって！」と叱りつけるので、問題がこじれるのです。誰でも頭ごなしに命令されれば、反発するに

Column

決まっています。それは相手が誰であってもそうなのです。

そうならないために、一度課題の分離をして、両者が対等な立場で話し合うということが必要です。このようなことができるように普段から良い関係を作り上げておくことです。

第5章

なぜ人間関係がうまくいかないのか

安楽型
リーダー型
仲良し型
優秀型

1 なぜチームワークがうまくいかないのか

「あの人は軸がぶれぶれだな。いつも相手にいいことばかりいって、結局みんなが迷惑している」

「なんであの人はいつも仕切ろうとしてくるのか。いちいち口出ししてくるのでやる気が落ちる。任せてくれればやるのに」

「プロジェクトの締め切りが近づいて、みんな精一杯がんばっているのに、あの人だけはマイペースなんだよな。イライラしてくる」

私たちはチームを作って働きます。一人ではできないことも、チームを作ることによってなしとげることができます。しかし、チームを作って、仕事を分担し、うまく進めていくことはなかなか難しいことです。もしチームワークがうまくいかないとすれば、それは仕事そのものの難しさではなくて、人間関係をうまく作ることが難しいからです。アドラーが「人生上のほとんどの悩みは対人関係である」といっているとおり、対人関係＝人間関係（Interpersonal relationships）こそが問題なのです。

なぜチームワークがうまくいかないのでしょうか。ひとつは、自分が仕事を通じて何を目指しているのかを自分自身が知らないことによります。私たちは、日々生活をしていて、その中に仕事をするということも含まれています。そして、生活も仕事も、自分の一貫した方針で果たそうとしています。これをアドラーは「ライフスタイル（Style of life）」と名付けました。私たちはいつでも自分のライフスタイルにしたがって、日々の課題に対処していきます。ですから、その人が仕事をしているのを見るとき、それは仕事を通じてその人のライフスタイルを表現しているともいえます。

チームワークがうまくいかない理由のひとつは、自分が仕事を通じて表現しているライフスタイルを自分自身が知らないからです。もうひとつは、一緒に働いているメンバーのライフスタイルを知らないからです。お互いのライフスタイルがそれぞれに違っていることを知らなければ、お互いを理解することもできません。そのため人間関係をうまく作ることもできないでしょう。その結果としてチームワークはうまくいきません。

この章では、アドラー心理学のライフスタイルという考え方を紹介したいと思います。ライフスタイルは、現代の心理学における「性格」や「人格」に対応する概念だと考えられますが、アドラー心理学では、もっと広く、その人の人生を貫き通す、個人独特の生き方であると考えています。そして、自分のライフスタイルや自分のまわりの人のライフスタイルを理解することによって、自分とつきあうこと、そして他者とつきあうことがうまくできるようになります。

2 性格はどのようにして決まるのか

現代心理学では、性格は「遺伝×環境」の組み合わせで決まると考えられています。性格のすべてが遺伝で決まるわけではなく、遺伝された特性のいくつかがその人の生育環境によって発現し、それ以外の特性は発現しないままになります。ですので、おおざっぱにいえば、性格の半分は遺伝的要因で決まり、残りの半分はその人の生育環境で決まります。生育環境とは、家庭、友だち、学校などからさまざまな影響を受けることです。生育環境が遺伝的要因が発現するたまたまのきっかけになるわけです。

アドラーは劣等感の概念を作り上げるときに、まず「器官劣等性（Organ inferiority）」に注目しました。遺伝子の組み合わせにより、私たちは多かれ少なかれ身体的に弱い器官を持つことになります。それは、体の大きさや骨の太さや髪の毛の色といった外見的なものだけでなく、呼吸器系が弱かったり、消化器系が弱かったり、感覚器系が弱かったりなど、さまざまな組み合わせで弱さを持ち合わせて生まれてくるのです。アドラーはそれを「器官劣等性」と呼びました。

こうした器官劣等性に直面して、私たちは意識してもしなくとも何らかの決断をしなくてはなりません。自分の器官の弱さに対して、どのように「補償（Compensation）」していくのか、あるいはその直接の補償を避けて、別のところで補償していくのか、ということを決断していくのです。このような決断の積み重ねによって、その個人独特の補償の仕方、つまり、独特の生き方、ライフスタイルが形成されていくのだとアドラーは考えました。つまり、私たちは、自分が遺伝的に持って生まれたものに対して生育環境の中で直面し、その時になんらかの決断をして自分自身の生き方を自ら決めていくのです。その意味では、アドラー心理学においては、ライフスタイルは「遺伝×環境×個人の決断」の組み合わせで決まるということができるでしょう。**ライフスタイルは、遺伝的要因と生育環境の要因の組み合わせについて、最終的に個人の決断がなされて決められていくのです。**

たとえば、遺伝的に呼吸器系が弱くて、すぐに風邪をひいたりするような子どもに対して、親が「また風邪をひいたのね。無理をしないで寝ていなさい」という対応を取った時に、子どもは何らかの決断をするでしょう。子どもは「自分は身体が弱いので、無理をせず保護されていよう」と考えるかもしれません。また逆に、「自分は身体が弱いから、身体を鍛えて親に心配をかけないようにしよう」と考えるかもしれません。どちらに決断するかは、自分次第です。いずれにせよ、このような小さな決断の積み重ねが、その子のライフスタイルを形作っていくのです。

3 最優先目標によるライフスタイルの分類

子どもの頃からこのようにして私たちは、日々の生活で起きてくるさまざまな課題に対して、自分なりの決断をしてきます。そしてそれによって自分独自のライフスタイルが作り上げられるのです。「そんなに決断をしてきたとは思わないけど?」という人も多いでしょう。もちろん「決断」というほどの大きなことは少ないでしょう。しかし、日々の課題に対して自分の対処法を無意識のうちに考えて、決めてきたのです。

それは自分のことでもあり、あまりにも自然なことですので、自分で決めてきたということを意識しないのです。しかし、それは確実に自分独自のライフスタイルとなって一貫したものになります。アドラー心理学では、ライフスタイルは遅くとも10歳くらいまでには固まると考えています。そして、もしそのライフスタイルで大きな問題が起こらなければ、死ぬまで変わりません。そもそも自分が他の人とは違う独自のライフスタイルを持って生きているということに気づかなければ、それを変えようということもないでしょう。

そのようにして形成されたライフスタイルは、各個人で独自のものとなります。ライフスタイルは、いわば、その人の人生を描き出す基本設計図のようなものですから、人それぞれ独自のものになるのは当然です。とはいえ、大きく眺めてみれば、ライフスタイルもそれぞれ特徴のあるカテゴリーに分類することができます。ライフスタイルの分類についてはアドラーの時代から現代までさまざまなモデルが提案されています。ここでは、最優先目標（Number one priority）による分類を紹介しましょう（Kefir 1971; 中島・鎌田 1998）。

「最優先目標」とは自分が一番手に入れたいことは何か、また反対に、自分が一番避けたいことは何かということです。私たちがさまざまな課題に直面するとき、どのような目標を最優先してそれを解決しようとするか、ということに注目して分類しようとするのです。もし読者のあなたが、自分のライフスタイルを自己診断してみたいのであれば、予断を避けるために、この先を読み進める前に、本書巻頭にはさみ込んである「ライフスタイル診断」（２０１６年版）をやってみてください。

よろしいですか。ではライフスタイルの説明を続けます。ライフスタイル診断に回答することによって、次のAからDの４つのタイプに分かれます。

A 安楽でいたい（Arm chair、安楽型）
B 好かれたい（Baby、仲良し型）
C 主導権をとりたい（Controller、リーダー型）
D 優秀でいたい（Driver、優秀型）

Aの人は、「安楽でいたい」ということが最優先目標です。面倒なことやトラブルをできるだけ避け、マイペースで物事を進めたいという人です。Bの人は、「好かれたい」ということが最優先目標です。できるだけまわりの人たちから好かれたいと思い、そのためにいろいろな気づかいやサービスをして回ります。Cの人は、「主導権をとりたい」ということが最優先目標です。まわりの人をコントロールして、自分が考えたように全体を動かそうとします。Dの人は、「優秀でいたい」ということが最優先目標です。自分がこれと思ったことに関しては、努力をして自分の能力を高めようとします。さて、あなたはどのタイプでしたか？（タイプの診断方法は116ページ）

4 性格理論ビッグファイブとライフスタイルの関係

人間の性格はいくつの特性によって分類できるのかということは、長い間心理学の重要な研究トピックでした。現在では、この議論は収束しつつあります。それは「ビッグファイブ」と呼ばれる5つの性格特性によって個人を記述することができるというものです。その5つは、それぞれの頭文字をとって「OCEAN」と呼ばれています。


Openness to experience（開放性） 好奇心が強く、感情が豊かで、新しいことが好き。

Conscientiousness（勤勉性） 自分で決めたことを守り、計画的で、冷静に進める。

Extraversion（外向性） エネルギーに満ち、活動的で、自己主張がはっきりしている。

Agreeableness（協調性） 思いやりがあり、優しく、ほかの人とうまくやっていける。

Neuroticism（神経症傾向） 感情的に不安定で、不安になったり、ストレスに弱い。

ビッグファイブ理論では、この5つの性格特性の組み合わせによって、それぞれの人のパーソナリティの違いを描き出せると考えています。そして、それを裏付ける研究データが蓄積されています。

では、アドラー心理学のライフスタイル類型はこのビッグファイブ理論とどのような関係にあるのでしょうか。これもデータによってその関係性が実証されています（堂坂 2016; 表1）。

たとえば、A（安楽でいたい）とB（好かれたい）は、O（開放性）とC（勤勉性）にマイナスの相関がある一方で、C（主導権をとりたい）とD（優秀でいたい）は、O（開放性）とC（勤勉性）にはプラスの相関がありま す。また、B（好かれたい）とC（主導権をとりたい）は、E（外向性）にプラスの相関がある一方で、A（安楽でいたい）とD（優秀でいたい）は、E（外向性）にマイナスの相関があります。

表1：重回帰分析でライフスタイル類型を目的変数としたときの有意な係数を示したビッグファイブ特性変数

ライフスタイル類型	A	B	C	D
O（開放性）	−	−	＋	＋
C（勤勉性）	−	−	＋	＋
E（外向性）	−	＋	＋	−
A（協調性）		＋	−	−
N（神経症傾向）	−	＋		

また、B（好かれたい）は、A（協調性）にプラスの相関がある一方で、C（主導権をとりたい）とD（優秀でいたい）は、A（協調性）にマイナスの相関があります。さらに、B（好かれたい）は、N（神経症傾向）にプラスの相関がある一方で、A（安楽でいたい）は、N（神経症傾向）にマイナスの相関があります。

このようにライフスタイル類型は、ビッグファイブ性格特性モデルに対して整合的に対応づけることができます。

5 4つのライフスタイル類型の特徴

それでは、4つのライフスタイルの特徴を細かく見ていきましょう（次ページ表2）。

Aタイプの人は、安楽でいたいことが最優先目標ですので、苦手なことは、苦労したり、トラブルに巻き込まれたりすることです。それを避けるために、準備したりするのは苦ではありません。強みは気楽なところであり、一緒にいるとほっとすることができます。反対に、弱みは成長が見えなかったり、生産性が上がらないように見えることです。そのためにまわりで一緒に働いている人をイライラさせることがあります。本人はマイペースでやっているだけで、けっして怠けているわけではありません。

表2：4つのライフスタイル類型の人の特徴

ライフスタイル類型	A	B	C	D
最優先目標	安楽でいたい	好かれたい	主導権をとりたい	優秀でいたい
苦手なこと	苦労すること	のけものにされること	服従すること	無意味な時間
苦手なことを避ける方法	一番安楽な道を選ぶ	他の人を喜ばせる	他の人をコントロールする	人一倍努力する
強み	気楽さ	親密さ	リーダーシップ	なんでもできる
弱み	成長がない	自分がない	かたくな	背負いすぎる
まわりの人が抱く感情（＋）	ほっとする	うれしい	頼れる	尊敬できる
まわりの人が抱く感情（－）	いらいらする	信用できない	ムッとする	劣等感を刺激される
愛用する感情	（なし）	不安	怒り	憂うつ
口癖	めんどうくさい	どうぞどうぞ	やってられない	まだまだだ
	まあ、いいか	どうしよう	私に任せて	疲れた

【ライフスタイル診断の採点方法】
○をつけた数を、それぞれの選択肢（A）（B）（C）（D）で集計してください。
各選択肢で一番点数が高いものが、あなたのタイプになります
（たとえばBの点数が一番高ければ、Bタイプになります）。

口癖は「めんどうくさい」や「まあ、いいか」や「しかたない」です。

Bタイプの人は、好かれたいことが最優先目標ですので、苦手なことは、嫌われたり、のけものにされることです。それを避けるために、まわりの人を喜ばせたり、サービスしたりします。頼まれると断れません。強みは親密さであり、一緒にいると喜ばされ、楽しい時間を過ごすことができます。反対に、弱みは自分の軸がないことで、本当は何をしたいのかがわからないことです。そのためにまわりの人から信用できないと言われることがあります。よく愛用する感情は不安です。いつ、まわりの人から嫌われるか心配しているためです。口癖は「どうぞどうぞ」や「どうしよう」や「困ったなあ」です。

Cタイプの人は、主導権をとることが最優先目標ですので、苦手なことは、他の人に従うことです。それを避けるために、まわりの人をコントロールして自分の立場を堅持しようとします。強みはリーダーシップがとれることであり、一緒にいると頼りがいのある人に見えます。反対に、弱みはかたくなになってしまうことです。そのためにまわりの人からムッとされたり、まわりの人を怒らせることがあります。よく愛用する感情は怒りです。いつでもまわりの人をコントロールできるとは限らないからです。口癖は「やってられない」や「私に任せて」です。

Dタイプの人は、優秀でいたいことが最優先目標ですので、苦手なことは、無意味な時間を使うことや無意味な仕事をすることです。それを避けるために、自分で計画し、邪魔が入らないようにして、人一倍努力します。強みはなんでもできることであり、まわりの人から尊敬できる人として扱われます。反対に、弱みは自分一人で背負いすぎてしまうことです。そのためにまわりの人の劣等感を刺激することがあります。よく愛用する感情は憂うつです。こんなに努力しているのにもかかわらず、完璧になることはないからです。口癖は「まだまだ」や「疲れた」です。

もちろん、これら4つのライフスタイル類型そのままの人はめったにはいません。私たちは、この4つのタイプの特徴をそれぞれ強弱をつけて持っているわけです。それが、あなたのライフスタイル診断の点数となって表現されています。

ライフスタイルは、あなたの人生や生活の基本的な設計図のようなものです。今まで人生の中で「なんで自分はあのときこういう決断をしたのか」というような記憶を引き出してみてください。そしてそれを自分のライフスタイル類型に当てはめてみてください。そのときの決断が自然なこととして理解できるのではないでしょうか。それは驚くことではありません。なぜならあなたは無意識にあるライフスタイルにしたがって、いつでも自分の人生上の決断をしてきたからです。

6 自分と相手のライフスタイルを知ることのメリット

4つのライフスタイルを2つの軸によってわけるとさらに明確になります。1つ目の軸は「対人関係重視／課題達成重視」の軸です。B（好かれたい）とC（主導権をとりたい）の人は、対人関係重視であり、A（安楽でいたい）とD（優秀でいたい）の人は、課題達成重視です。具体的に言うと、BとCの人は「それを誰とやるのか」ということが気になり、AとDの人は「何をどのようにしてやるのか」ということが気になるのです。

もう1つの軸は「受動的／能動的」の軸です。A（安楽でいたい）とB（好かれたい）の人は、受動的であり、相手やものごとに反応することで受け身的に行動します。C（主導権をとりたい）とD（優秀でいたい）の人は、能動的であり、相手やものごとに自ら取り組むことで積極的に行動します。

以上の2つの軸による解釈は、ビッグファイブとの関係においても合致します。外向性において、AとDが負の相関、BとCが正の相関を示していることから、外向性と対人関係重視の軸の方向性が一致していることがわかります。また、勤勉性においいて、CとDが正の相関、AとBが負の相関を示していることとか、勤勉性と能動性の軸の方向性が一致しています。

このように「対人関係重視／課題達成重視」や「受動的／能動的」のような仮想的な軸を想定して、自分のまわりにいる人たちを観察していくと、だいたいのライフスタイルが見えてきます。相手のライフスタイルがわかってくると、相手の強いところはどこか、逆に弱いところはどこか、相手がよく出してくる感情はどんなものか、口癖は何か、そして、そんな相手に対して自分はどんなプラスの感情やマイナスの感情を抱きやすいのか、といったことがわかるようになってきます。

「なぜあの人と一緒にいると自分の劣等感を刺激されるのだろう」とか「あの人と仕事をするとなぜだかイライラしてくる」などのように今まで不思議に思っていたことが、**ライフスタイルという枠組みを通して眺めてみると、すんなりと理解できるようになります。**もちろん、この4つのライフスタイル類型は、おおざっぱなものですから、誰でもぴったり当てはまるというわけではありません。でも、大きな地図としてみれば、だいたい合っているはずです。残りの細かいところは、相手と付き合いながら地図を修正していけばいいのです。

ライフスタイルの考え方は、自分を知ることにも役立ちます。自分にはどんな強みがあるのか、逆に弱いところはどういうところか、どんな感情が強く出るのか、まわりの人に自分はどのように映っているのか、というようなことがわかってきます。自分のことが理解できれば、現状の自分を少しだけ変えることもできるはずです。不完全である自分を受け入れる勇気を持ちながら、少しだけ自分を変えることにチャレンジしていく。そのための勇気を持つことができます。

まとめ

まわりの人たちをライフスタイルの枠組みでとらえるようになると、人はそれぞれ違ったライフスタイルを持って生きているのだということが見えてきます。もちろん、自分自身も他の人とは違ったライフスタイルで生きているのだ、ということも理解できるようになります。

これまでのデータから、人々は4つのライフスタイル類型にそれぞれの割合で分かれることがわかっています。割合としては、一番多いのがAタイプの人、一番少ないのがCタイプの人、BとDはその中間となっています。いずれにしても、10人ほどの人が集まれば、その中には4つの違ったライフスタイルの人が必ず含まれているということです。

仕事のためのチームを作ったとき、他のメンバーは自分と同じようには考えません。それぞれ違った優先順位でものごとを進めていこうとする存在です。ですから、自分のやり方をメンバーに押し付けることも、メンバーから押し付けられることも、お互いにとって不幸なことです。それぞれが自分の得意なところを、自分の強みを使って進めていくことがチーム全体として最善の道です。そのためには、お互いのライフスタイルを理解しあうことが必要です。そのためにミーティングを持つのです。

この章の内容をまとめておきましょう。

▼アドラーは「人生上のほとんどの悩みは対人関係である」といっている。チームワークをうまくやるためには、まず良い人間関係を作ることが大切だ。

▼私たちは子どもの頃から劣等感を感じ、それをどのように補償するかという決断をしながら自分のライフスタイルを作ってきた。

▼良い人間関係を作るためには、人それぞれにライフスタイルが違うこと、そして自分とメンバーのライフスタイルがどのようなものかを知る必要がある。

▼ライフスタイル類型の１つとして最優先目標を軸とした、Ａ：安楽でいたい、Ｂ：好かれたい、Ｃ：主導権をとりたい、Ｄ：優秀でいたいの４分類がある。

▼このモデルは、パーソナリティのビッグファイブ理論とも整合的な対応関係にある。

▼ライフスタイルの枠組みを通して、自分と他の人たちとの人間関係を見ると、うまくいったりいかなかったりする理由がわかるようになる。

▼ライフスタイルの枠組みを使って、チームメンバーが自分の得意なところを、自分の強みを使って進めていくことができれば、チーム全体として強くなる。

Column

チームワークの土台としてのミーティング

チームで仕事を進めていくためにはミーティングは欠かせないものです。仕事を分割し、それを各自が分担することによって分業ができます。分業体制はいつでも暫定的なものですから、計画通りに進まなかったり、人手の過不足が発生してきます。それを随時、調整していくためにもミーティングが必要です。

ここでは、アドラー心理学に基づく「アドラーミーティング」のやり方を紹介しましょう。アドラーミーティングの原則は次の通りです。

・チームメンバーは異なる仕事を請け負っている対等な人間である。
・ルールを決めるときはメンバー全員の合意を目指す。

この原則にしたがってアドラーミーティングを行うと、普通の会議とは少し違った雰囲気になります。

まず議長（進行役）は毎回メンバーの中から公平に選んでいきます。書記（記録係）も同様に公平に選びます。こうすることでメンバーは全員対等であり、特権的な人はいないということを確認します。メンバーの中にマネジャーや上司が入っていたとしても、その人たちはマネジャーや上司という仕事をしている人として対等なのです。

議題は、メンバーが気になっていることや困っていることを自由に出していきます。たとえば、あるメンバーが請け負っている仕事の進み具合が気になっているなら、それを議題にします。また、自分が請け負っている仕事がうまく進まなくて困っているのであれば、それを議題として出します。

一通り議題が出たところで、それについて話し合うかどうか、話し合う議題についてどの順番で進めていくかについて決めます。

話し合いは、情報交換を目的とした議題であれば、それができれば終わりにして、次の議題に進んでいきます。ある議題については、ルールを決めることが必要な場合があります。その場合は全員が合意できるようなルールを決めておいて、次のミーティングまで試しにやってみます。もしそれがうまくいくようであれば、そのまま継続しますし、あまりうまくいっていないようであれば、次回のミーティングのときに変更していきます。ルールが守られなかったときのペナルティを

Column

決めておくことも必要です。ペナルティを決めておくことによって、ルールを守れなかった人の人格攻撃をしないですむようになります。

アドラーミーティングは、毎週決まった曜日に30分間などのように定期的に開くといいでしょう。特に話し合う議題がないとしても、定期的にチームメンバーが顔を合わせてコミュニケーションをとるという習慣を作っておけば、いざというときにお互いが助け合えるような強いチームになるでしょう。

Alfred
Adler

第6章

避けられない老いと病について

1 残りの人生が少なくなってきたとき

「だんだん身体がダメになってきていることを痛感する。昔できたことが少しずつできなくなってきた」

「頭もボケてきているようだ。すぐ物忘れするし、頑固で怒りっぽくなってきたといわれて、まわりから相手にされなくなってきた」

「残りの人生ももうあとわずかだな。考えてみればなにひとつ満足になしとげられなかった。むなしい人生だった」

私自身、これを書いている時点で57歳です。この10年間はテニスを週に2回程度続けています。しかし、肘を痛めたり、肉離れを起こしたり、膝が痛くなったりと、どんどん肉体が衰えていることを感じないわけにはいきません。毎年一回受ける人間ドックのときに、身体測定をします。若いときには成長とともに伸びていた身長は、この歳になるとわずかずつ縮んでいきます。そんなとき、残りの人生が数えられるようになってきたことを感じます。

アドラーと同時代に活躍した心理学者のユングはこんなことを言っています。40歳くらいを「人生の正午」だと考えることができる。40歳までは、仕事をしたり、家族を作ったりして人生の基礎を築くことに光をあててきた。しかし、40歳以降は、そうした義務の影になっていた部分に光をあてていくことになる。それは、本当のありのままの自分を見つけて統合していくことであり、それを「個性化（Individuation）」と呼ぶ。

ユングの「人生の正午」説を採用してみると、太陽が真上に登るまでは成長の時間であり、正午を過ぎて日が傾くようになると、人間としての統合の時間であるということになります。そう考えると、残りの人生である午後の時間がだんだん短くなっていくことを嘆くことよりも、**その時間を使って人生の収穫をするのだと考えたほうがいいかもしれません。**

この章では、誰にでも避けることができない老いと病、そして死について考えてみたいと思います。

2 共同体に所属することが生きる意味になる

定年になって仕事を辞めると、目的を見失って急にがっくりしてしまったり、無気力になってしまうケースはよく聞く話です。これは平均寿命が今よりも短かったアドラーの時代にも変わらなかったようです。アドラーは「年をとった人にリタイアを助言するべきではない。その人の生活全体の形を変えるよりも、仕事を続ける方がはるかに簡単だから」と言っています。

仕事をリタイアすることで生活全体の形が変わってしまうのは、その人にとって大切な「居場所」を失うからです。それは会社にあった自分の机とイスというような「物理的な場所」でもあり、同時に「心理的なつながり」でもあるのです。リタイアすることによって、物理的な居場所と心理的なつながりを同時に失うわけです。

この居場所という言葉は、アドラー心理学の用語で「所属（Belongingness）」と言い換えることができます。私たちは、社会的な生物です。何らかの集団に所属することなしに生きていくことはできません。どこかの共同体に所属するということは、食べ物を得たりや安全に暮らすというような生理的な欲求を満たすためにも必要ですし、また仲間として信頼されたり、尊敬されたりという心理的な欲求を満たすためにも必要なことです。したがってすべての人は所属を求めます。

所属する共同体はいくつもあり、また重層的です。家族は最も基本的な共同体です。他にも趣味のグループやサークル、同窓会、社会運動のグループ、会社や職場の共同体、国や民族や宗教という共同体もあります。もしリタイアすることで、職場の共同体への所属を失ったとしても、他の共同体への所属がその穴を埋めるものであるとすれば、それは問題にならないかもしれません。しかし、もし職場の所属がその人の人生の大部分を占めていたとしたら、リタイアしてそれを失うことは大きな痛手となるでしょう。

第3章で、人生の課題（ライフタスク）には「仕事、交友、愛」の3つがあることを紹介しました。仕事における所属をリタイアによって失うことになっても、交友関係や家族（愛のタスク）の共同体における所属が確保できるのであれば、それほどの問題とはならないでしょう。そうした意味でも、**リタイアする前から、仕事以外の共同体で自分の居場所を作っておくことが大切です。**

3 なぜ死を怖れるのか

私たちは皆いつか死にます。不老不死の人間はいません。親しい人を亡くすことは、悲しいこと、寂しいことではあるでしょう。しかし、冷静に考えれば、自分が死ぬことを過度に怖れる必要はないように思われます。人は皆いつか死ぬのですから。自分もまた「いつか死ぬ」という自然の法則に従うだけなのです。

それなのに、なぜ私たちは死を怖れるのでしょうか。アドラーは「あらゆる達成をあきらめる言い訳を探している人たちは、しばしば死や病気を怖れている」と書いています。そういう人たちは、人生は短すぎるし、何が起こるかもわからない、虚しいものだ、ということを強調するというのです。

それは、「もう少し人生が長いものであったなら、自分にも何かできたかもしれないのに」という言い訳を自分にしているのです。つまり、自分が生きている間に意味のあることをなしとげられないということを本当は怖れているのです。この理解にしたがえば、死を怖れるということは、実は、自分の人生が無意味であったと認めることを怖れているということにほかなりません。

ちなみに、アドラーは、来世を約束する宗教も同じ効果を持っていると言っています。つまり、そうした宗教は、人生の本当のゴールは来世にあるのだから、現世のことは無駄な努力にすぎないと考えさせる効果があるというのです。確かに、本当の意味が来世にあると考えるのであれば、この世のことに対して真剣に取り組まなくてもかまわないわけですから、絶好の言い訳として使えます。

死や病気を怖れるということは、実は、自分の人生が無意味であったことを怖れているということです。とすれば、自分の人生が意味のあるものだと感じている人は、死を怖れることはないでしょう。アドラーは「子孫を残したり、発展し続ける文化に貢献する形で、自分が継承されていくことを確信している人は、老いることも死ぬことも怖れない」と言っています。大きく言えば、人類に何らかの形で貢献していることを感じている人は死を恐れないでしょう。もっと身近なものとして言えば、自分のまわりにいる人たちに何らかの形で役立てていると感じている人もまた死を怖れることはないでしょう。それが、自分の人生の意味を作り出してくれるからです。

4 学び続けることと自己の拡張

人生の午前中である40年という長い時間を使って、私たちは自分を訓練していきます。自分を訓練して、社会に有用な人になるためにはそれくらいの時間がかかります。その間に、私たちは毎日たくさんのことを経験して、その経験から学んでいきます。

私たちが経験から学んでいくことは確かです。しかし、自分の経験をどのようにとらえるかは自分自身のライフスタイルに依存している、とアドラーは言います。ですから、同じ出来事を体験しても、XさんがそこからY学ぶことと、Yさんが学ぶことは、まったく違った内容になるでしょう。なぜなら、Xさんはその経験の中からXさんのライフスタイルにあったところだけを取り入れるからです。Yさんも同様にYさんのライフスタイルにあったものだけを自分に取り入れるのです。

たとえば、プロジェクトの進捗が遅れていて、最後にみんなが徹夜をして、ギリギリで締め切りに間に合わせたという出来事があったとします。この経験から学ぶことは、ライフスタイルがAタイプ（安楽でいたい）の人であれば、「前々からスケジュールをきちんと守っていかなければ大変なことになる」ということを学ぶでしょうし、C

タイプ（主導権をとりたい）の人であれば、「ギリギリになってもみんなを統率できればなんとかなる」ということを学ぶでしょう。同じ出来事から、それぞれがまったく違うことを学んでいるのです。

私たちは、世界を自分の好きな見方で見ています。ですから自分の体験も自分の好きな見方でとらえているのです。その体験から学ぶことも自分のライフスタイルに合ったことだけを抜き出しているのです。このことをアドラー心理学では「仮想論（Fictionalism）」と呼びます。つまり、私たちのまわりにいる人々、所属している共同体、組織、社会は、自分が「そうであるかのように」見ているにすぎないのです。しかし、私たちは自分が見ているものは「すべて正しく」見ているものだと考えてしまいがちです。しかし、それは私たち一人ひとりが作り上げているフィクションにすぎないのです。

もし私たちが学ぶ内容がライフスタイルに依存しているとすれば、私たちはただ自分に都合のいいことしか学ぶことができません。自分を拡張し、さらに成長させるためには、ライフスタイルの呪縛から自分を解き放つ必要があります。私は、これこそが人生の午後の期間の課題ではないかと思っています。人生の午前の期間では、知識や技能の訓練を積んでいきます。正午を過ぎたら、自分の態度を変えることを訓練するのが課題です。

さいわいなことに、アドラーは、ライフスタイルはいつでも変えることができると言っています。とはいえ、それは簡単なことではありません。それは新しい自分を学ぶということなのです。

5 幸せに生きるためにはどうすればいいのか

共同体に所属することが生きる意味になるということをいいました。幸せに生きるためには、これがまず前提条件となります。しかし、共同体に所属していても、ただ退屈していたり、自分がその共同体のために役に立っていないと感じていれば、それは幸せに生きているとはいえないでしょう。

どのようにしたら人は幸せに生きることができるかという課題は、心理学だけでなくあらゆる領域で重要になっています。その源泉をたどると、アドラーから学び、少なからず影響を受けたと思われるロジャーズやマズローを中心とした「人間性心理学（Humanistic psychology）」に行き着きます。人間性心理学は、人間のポジティブな可能性をどのように実現するかという点を強調した社会的な運動でもありました。

この点で、アドラー心理学（Adlerian psychology）あるいは個人心理学（Individual psychology）もまた、アドラー自身がいっているように、人間についての科学であると同時に社会運動的な側面を持っています。運動としてのアドラー心理学の目的は、人類の幸福を追求することです。

近年の幸福についての研究は、収入が多ければ多いほど幸福になるわけではない、ということを明らかにしています。お金がたくさんあって、高級品を買ったり、ぜいたくな料理を食べたりすることは、確かに私たちに快楽をもたらしてくれます。しかし、それは一時的な喜びであって、けっして長くは続きません。しかもすぐに慣れてしまいますので、毎回同じような喜びを得るためには、もっと高級なもの、もっとぜいたくなものを探さなくてはなりません。そのことは、逆に私たちを憂鬱な気分にさせるのです。

私たちを幸せにするのは、収入ではなく、日々の充足感です。けっして楽ではないけれども、自分をかけて何か打ち込めるもの、自分自身がそのことに没入して、時間がたつことも忘れてしまうようなこと、そういうことをしているかどうかが私たちの幸せを決めるのです。我を忘れて何かにのめり込んでいる状態を「フロー」と呼びます（チクセントミハイ 2010）。何か新しいことを学ぶことは、たとえば楽器でも、絵画でも、アドラー心理学の勉強でも、何にしても大変で、努力をしなければなりません。しかし、それに打ち込んでいると時間がたつことも忘れてしまいます。それがフロー体験です。

フロー体験は、自分の技量と課題の挑戦レベルがちょうどつりあったところで起こるということをチクセントミハイは見出しました。そこで集中して努力することによって、自分の技量が拡張されていきます。そのプロセスこそがフロー体験になるのです。

6 生涯をかけて共同体感覚を育てる

日常生活の中でフロー体験の頻度を上げていくことが、日々の充足感を生み、それが幸せにつながっていくことを説明しました。しかし、フロー体験はあくまでも、自分個人の体験です。その体験が自分の技能を拡張し、熟達することにつながることは確かであっても、それが何らかの「意味」を持つためには、その体験が対人関係という文脈に沿っていることが必要です。こうした考え方をアドラー心理学では「社会統合論（Social embeddedness）」と呼びます。つまり、私たちは社会の中に埋め込まれている存在であり、社会的対人関係の文脈においてのみ、私たちの行動や存在の意味が現れてくるということです。

対人関係は、「満足、喜び、期待」というようなポジティブな感情を与えてくれることもある一方で、「後悔、悲しみ、怒り、不安」というようなネガティブな感情を起こすこともあります。ですので、対人関係は私たちの悩みの種でもあります。悲しみや怒りのようなネガティブな感情が湧くのは、対人関係において、自分が否定されたり、自分が負けたと感じたときです。そのときに怒りや悲しみという感情を使って、自分を奮い立たせるのです。それは自分の生き延びのために人類が進化させてきた仕組みです（セリグマン 2004）。

もし社会全体が、勝つか負けるかの仕組みで動いているならば、私たちはネガティブな感情を使って、自分が「勝つ」ように常に自分を奮い立たせなければなりません。しかし、そうすることで自分以外の誰かを「負け」に追いやっていることになります。このように、誰かが勝てば、必ずその相手が負けるというシステムを「ゼロサムゲーム」と呼びます。もし社会全体が、ゼロサムゲームのルールに従っているとすれば、私たちは死ぬまでネガティブな感情を使って生きていくことになります。

しかし、もし社会がゼロサムゲームではないとしたらどうでしょうか。それは「ノン・ゼロサムゲーム」の社会です。自分が何らかの行動をすることが、相手のためにもなり、同時に自分のためにもなるというゲームです。実際に人類は、「分業と協力」というシステムを作り出すことによって、ゼロサムゲームではない仕組みを作り上げてきました。協力がうまくできたときに、私たちは「喜びと満足」というポジティブな感情を作り出します。その感情は、協力というノン・ゼロサムゲームをさらに進めていこうとすることを目指しているのです。

アドラーが最後に行き着いた概念である「**共同体感覚**（Social interest）」は、自分が考えていること、行動しようとしていることが、共同体にとって、自分のまわりの人々にとってどのようなことであるかを考えて決断する能力です。**もし協力的なノン・ゼロサムゲーム社会を作ろうとするならば、一人ひとりが共同体感覚を身につけることが必要です。**私たちは生涯をかけてこの共同体感覚を自分に育てていくのです。そして、そのプロセスの中で私たちは幸せを感じていくのです。

まとめ

この章では、私たちはいつか死ぬことを見据えて、人生の後半をどのように生きていけばいいのかということを考えました。この章をまとめておきましょう。

▼ユングは40歳を「人生の正午」と考えて、40歳以降の人生の後半を、自分を統合していくための時間と位置づけた。これを「個性化」と呼ぶ。

▼定年で仕事を辞めると急にがっくりしてしまうケースがあるのは、「所属」を失うせいである。家族、友人関係、職場のような共同体に所属していることを感じることは生きていくための基本条件である。

▼自然の法則である死を怖れる人は、実は、自分が生きている間に意味のあることをなしとげられないのではないかということを怖れている。自分が文化の発展の中に継承されることを感じている人は、老いも死も怖れない。

▼人生の後半においては、学び続けることで自分を拡張し、態度を変えることが課題となる。そのためにはライフスタイルの呪縛から自らを解き放つ必要がある。

▼幸せに生きるためには、快楽ではなく充足感を見出すことが重要である。自分を忘れ、没入するくらい何かに打ち込める時間を持つことが充足感をもたらす。これをフローと呼ぶ。

▼フローは個人的な充足感を生み、対人関係は人生の意味を生み出す。勝つか負けるかの関係ではなく、分業と協力という関係を対人関係の中に生み出すことによって「共同体感覚」を自ら育成していくことができる。このプロセスが幸せを生み出していく。

Column

ネガティブな中にもポジティブを見いだす

長い人生にはポジティブなこともネガティブなことも起こります。初恋、受験、就職、結婚、子育て、転職、離婚、介護、近親者との死別、そして自分の病気や事故もあるでしょう。私は宝くじは買いませんが、買っていれば宝くじに当たるという超ポジティブなことも起こるかもしれません。恋はポジティブな気持ちをもたらしてくれますが、失恋というネガティブな結末に終わるかもしれません。

このような人生上の出来事をライフイベントと呼びます。ライフイベントはすべての人に起こります。あるイベントは自分にとっては苦悩に満ちた出来事かもしれません。しかし、それはすべての人々が同じように味わっていることなのです。たとえ九死に一生を得たというようなまれな経験であっても、誰にでも起こる可能性はあります。

重要なことは、こうしたライフイベントは幸せとは直接の関係がないということです。年収が幸せの度合いを予測しないのと同じように、ライフイベントは幸せの度合いを直接決めません。幸せを決めるのは、そうしたライフイベントを、そ

Column

の人がどのようにとらえて、行動するかということです。たとえ重い病気にかかったとしても、それが家族の結束を強めることもあります。病気によって、自分のできることが著しく狭められてしまったとしても、「ただあなたがいてくれるだけでいい」と言ってくれる人の支えになることができます。ネガティブなイベントの中にも、必ずポジティブな側面があります。それを見つけ出すことです。

アドラーから直接の影響を受けたフランクルは「あなたが何をしたいか」ということではなく、逆に「人生があなたに何を求めているか」を考えるべきだと言っています（諸富 1997）。「自分が何をしたいか」と考える限り、世界を自分中心で見るしかありません。「世界は自分のために存在しているのだ」と考える限り、そうなっていない現実に直面するたびに不平不満を抱き、ため息をつかなくてはなりません。そうではなく「世界が自分に何を求めているのか」「人々はなぜあなたを必要としているのか」と考えれば、あなたは、自分が今ここで生きている意味を探そうという気持ちになります。それは、アドラー心理学の言葉で言えば、共同体感覚を自分の中に育てるということなのです。

Alfred
Adler

おわりに

誰かが始めなければならない。他の人が協力的ではないとしても、それはあなたには関係がない。私の助言はこうだ。あなたが始めるべきだ。他の人が協力的であるかどうかなど考えることなく。

アルフレッド・アドラー『人生の意味の心理学〈下〉』（アルテ）より

アドラーの言葉はひとつひとつが輝いていて、予言的でもあり、そしていつでも私たちを勇気づけてくれるものです。その中でも私がもっとも好きなのがこの言葉です。自分が迷ったり、躊躇したり、決断できないでいるとき、いつでもこの言葉を思い出します。そう「誰かが始めなければならない」のだと。

この本をお読みいただいて、今どんなことをあなたは感じているでしょうか。まだモヤモヤしているでしょうか。世界がもっとくっきりと見えてきたでしょうか。わかったけど、その第一歩が踏み出せないんだ、と思っているでしょうか。

でも、大丈夫です。まず「あなたが始めるべきだ」とアドラーが後押ししてくれています。あとは、あなたがそっと一歩を踏み出すだけです。

◉謝辞

この本は、2015年度夏に開かれた早稲田大学オープンカレッジ中野校での講座「アドラー心理学の理論と実践」を元として、それを拡張し、構成しなおしたものです。この講座の運営を手伝っていただいた、阿部田恭子さん、伊澤幸代さん、加藤はるみさん、多喜翠さん、堂坂更夜香さんのみなさん、そして受講生のみなさんに感謝します。

長年の恩師である野田俊作先生に感謝します。この本は野田先生が開発したアドラー心理学に基づく育児学習コース「Passage」とその上級コース「Passage Plus」に多くを負っています。

技術評論社の佐藤丈樹さん、渡辺陽子さんには、2014年に出版された『アドラー〝実践〟講義　幸せに生きる』に引き続き、アドラー心理学の2冊目の本を形にしていただき、感謝の気持ちでいっぱいです。

最後になりましたが、縁あって一緒に仕事をさせていただいたニッポン放送の吉田尚記さんからは素敵な推薦文をいただきました。ありがとうございました。

2016年1月　所沢にて　向後千春

参考文献

●第２章　イライラする自分を抑えられない

安藤俊介『「怒り」のマネジメント術』（朝日新聞出版、２０１１）

●第３章　こんなに面倒をみているのに……

ダグラス・マグレガー『企業の人間的側面―統合と自己統制による経営』（産能大学出版部、１９７０）

●第４章　子育てに正解はあるのか

Dinkmeyer, D., McKay, G. D., & Dinkmeyer, D. : The Parent's Handbook: Systematic Training for Effective Parenting. (American Guidance Service, 1997)

野田俊作『Passage 1.3』（日本アドラー心理学会、２００５）

奥田健次『世界に１つだけの子育ての教科書』（ダイヤモンド社、２０１４）

Popkin, M : Active Parenting: Teaching Cooperation, Courage, and Responsibility. (Harper San Francisco, 1987)

◉第5章　なぜ人間関係がうまくいかないのか

中島弘徳・鎌田穣「最優先目標に関する一考察」『アドレリアン』、12（2）,165-178.（日本アドラー心理学会、1998）

Kefir, N.: Priorities: A Different Approach to Life Style and Neurosis, Paper presented at ICASSI, Tel-Aviv, Israel, 1971.

堂坂更夜香「アドラー心理学におけるライフスタイル診断シートの開発とビッグファイブ性格特性との関連性」（早稲田大学大学院人間科学研究科修士論文、2016）

◉第6章　避けられない老いと病について

ミハイ・チクセントミハイ『フロー体験入門――楽しみと創造の心理学』（世界思想社、2010）

マーティン・セリグマン『世界でひとつだけの幸せ』（アスペクト、2004）

諸富祥彦『フランクル心理学入門　どんな時も人生には意味がある』（コスモス・ライブラリー、1997）

著者プロフィール

向後千春（こうご・ちはる）
早稲田大学人間科学学術院教授。博士（教育学）（東京学芸大学、2006）。

◉経歴
早稲田大学第一文学部心理学専修卒業。
早稲田大学大学院文学研究科博士後期課程心理学専攻単位取得満期退学。
富山大学教育学部講師・助教授を経て、2002年より現職。

◉専門領域
・教育工学
・教育心理学（特に、eラーニング、生涯学習、インストラクショナルデザイン）
・アドラー心理学

◉所属学会
・日本アドラー心理学会

・日本教育工学会
・教育システム情報学会
・日本心理学会
・日本教育心理学会
・日本発達心理学会
・日本社会心理学会

◉著書
・向後千春『上手な教え方の教科書　入門インストラクショナルデザイン』（技術評論社、２０１５）
・向後千春『アドラー〝実践〟講義　幸せに生きる』（技術評論社、２０１４）
・向後千春・ナナトエリ『コミックでわかるアドラー心理学』（ＫＡＤＯＫＡＷＡ中経出版、２０１４）
・向後千春『教師のための教える技術』（明治図書出版、２０１４）
・向後千春『伝わる文章を書く技術』（永岡書店、２０１４）
・向後千春『いちばんやさしい教える技術』（永岡書店、２０１２）
・向後千春・冨永敦子『統計学がわかる【回帰分析・因子分析編】』（技術評論社、２００８）
・向後千春・冨永敦子『統計学がわかる』（技術評論社、２００７）

「やさしい解説」を何度聞いても腑に落ちない……

『知の扉』シリーズ　**第3巻**

素粒子論はなぜわかりにくいのか

場の考え方を理解する

吉田伸夫 著

素粒子の「やさしい解説」を何度聞いても、どうにも腑に落ちない……。それもそのはず、多くの人は、素粒子論を理解するためには避けて通れない「場」の考え方について、ほとんど学ぶ機会がないのです。

素朴な“粒子”のイメージから脱却し、現代物理学の物質観に目覚める、今度こそわかりたいあなたのための素粒子入門です。

【目次】

第1章　素“粒子”という虚構
第2章　場と原子
第3章　流転する素粒子
第4章　素粒子の標準模型
第5章　摂動法と繰り込み
第6章　何が究極理論を阻むのか
付　録　素粒子の計算にチャレンジ

数学最大の難問を因数分解から読み解いてみる

『知の扉』シリーズ　**第4巻**

リーマン予想を解こう

新ゼータと因数分解からのアプローチ

黒川信重 著

150年以上解けていない問題、リーマン予想。今なお数学者だけではなく数学ファンの心をとらえて離しません。

なぜ解けないのか、その核心は「わかる因数分解」になっているか否かだと黒川先生は考えます。練習問題形式で零点や極の因数分解を考えながら、リーマン予想の本質に迫ります。

【目次】

江戸時代の数学は西洋よりはるか先を行っていた

『知の扉』シリーズ　第5巻

江戸時代の数学最前線

和算から見た行列式

小川東、森本光生 著

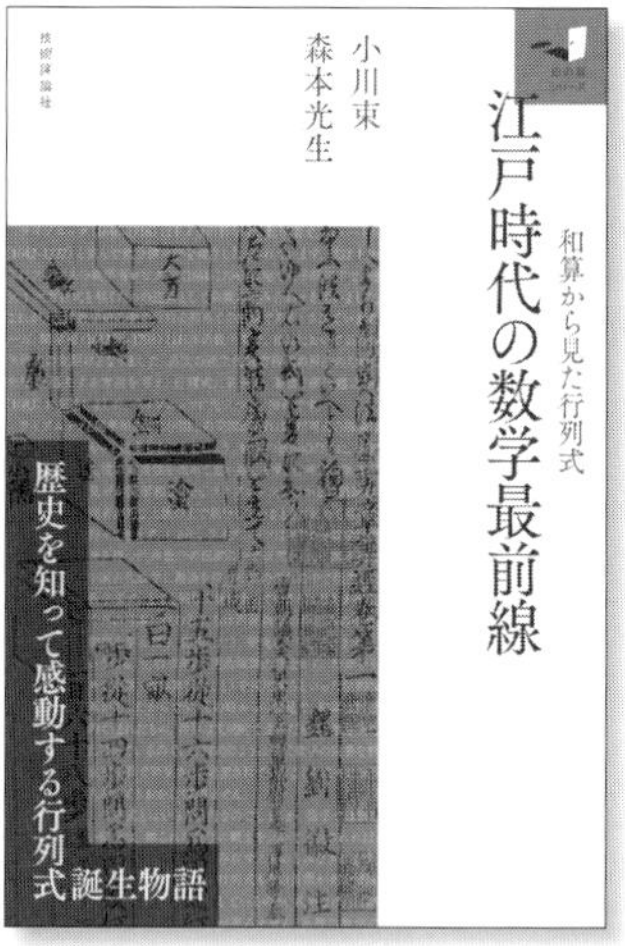

高次の連立方程式を解くときに役立つ行列式は、技術の発展に欠かせない分野です。そんな行列式を江戸時代に確立させていたのが和算の第一人者、関孝和です。

江戸時代にタイムスリップして、たすき掛けを使った計算から4面体の体積の表現まで行列式の多様な側面を眺めてみましょう。

【目次】

◉ブックデザイン　小川 純（オガワデザイン）
◉本文イラスト　森越ハム
◉本文図版・DTP　BUCH+

人生《じんせい》の迷《まよ》いが消《き》える
アドラー心理学《しんりがく》のススメ

2016年3月30日　初版　第1刷発行
2016年6月25日　初版　第2刷発行

著　　者　向後千春《こうごちはる》
発 行 者　片岡　巖
発 行 所　株式会社技術評論社
東京都新宿区市谷左内町21-13
電話　03-3513-6150　販売促進部
03-3267-2270　書籍編集部
印刷／製本　株式会社 昭和情報プロセス株式会社

定価はカバーに表示してあります。

ISBN978-4-7741-7980-3 C3011
Printed in Japan